?! 歴《れき》史《し》漫《まん》画《が》 タイムワープ シリーズ 通《つう》史《し》編《へん》 8

戦《せん》国《ごく》時《じ》代《だい》へタイムワープ

マンガ：トリル／ストーリー：チームガリレオ／監修《かんしゅう》：河合《かわい》 敦《あつし》

はじめに

戦国時代《せんごくじだい》は、多《おお》くの人《ひと》に人気《にんき》の時代《じだい》です。室町時代《むろまちじだい》の後期《こうき》からおよそ100年《ねん》ほど続《つづ》いた戦国時代《せんごくじだい》は、全国各地《ぜんこくかくち》で戦国武将《せんごくぶしょう》が争《あらそ》い合《あ》う激動《げきどう》の時代《じだい》でした。

この時代《じだい》について、学校《がっこう》の授業《じゅぎょう》では、織田信長《おだのぶなが》や豊臣秀吉《とよとみひでよし》によって日《に》本《ほん》が天下統一《てんかとういつ》されていく様子《ようす》を学習《がくしゅう》します。

今回《こんかい》のマンガでは、天下統一《てんかとういつ》に向《む》かい始《はじ》めた日本《にほん》に、現代《げんだい》の小学生《しょうがくせい》たちがタイムワープしてしまいます。彼《かれ》らは、戦乱《せんらん》の世《よ》の中《なか》でさまざまなピンチに出合《であ》いながら歴史《れきし》を学《まな》び、もとの時代《じだい》に戻《もど》るために冒険《ぼうけん》を繰《く》り広《ひろ》げていきます。

みなさんも、彼《かれ》らといっしょに戦国時代《せんごくじだい》への旅《たび》に出《で》かけましょう!

監修者《かんしゅうしゃ》　河合《かわい》　敦《あつし》

今回《こんかい》のタイムワープの舞台《ぶたい》は…？

4万年前《まんねんまえ》
2万年前《まんねんまえ》
1万年前《まんねんまえ》
2000年前《ねんまえ》
1500年前《ねんまえ》
1400年前《ねんまえ》
1300年前《ねんまえ》
1200年前《ねんまえ》
1100年前《ねんまえ》
1000年前《ねんまえ》
900年前《ねんまえ》
800年前《ねんまえ》
700年前《ねんまえ》
600年前《ねんまえ》
500年前《ねんまえ》
400年前《ねんまえ》
300年前《ねんまえ》
200年前《ねんまえ》
100年前《ねんまえ》
50年前《ねんまえ》
先史時代《せんしじだい》
古代《こだい》
中世《ちゅうせい》
近世《きんせい》
近代《きんだい》
現代《げんだい》
旧石器時代《きゅうせっきじだい》
縄文時代《じょうもんじだい》
弥生時代《やよいじだい》
古墳時代《こふんじだい》／飛鳥時代《あすかじだい》
奈良時代《ならじだい》
平安時代《へいあんじだい》
鎌倉時代《かまくらじだい》
室町時代《むろまちじだい》
安土桃山時代《あづちももやまじだい》
江戸時代《えどじだい》
明治時代《めいじじだい》
大正時代《たいしょうじだい》
昭和時代《しょうわじだい》
平成時代《へいせいじだい》
令和時代《れいわじだい》
ココ!!
日本人《にほんじん》の祖先《そせん》が住《す》み着《つ》く
土器《どき》を作《つく》り始《はじ》める
貝塚《かいづか》が作《つく》られる
米作《こめづく》りが伝《つた》わる
大和朝廷《やまとちょうてい》が生《う》まれる
平城京《へいじょうきょう》が都《みやこ》になる
平安京《へいあんきょう》が都《みやこ》になる
モンゴル（元《げん》）軍《ぐん》が２度《ど》攻《せ》めてくる
室町幕府《むろまちばくふ》が開《ひら》かれる
金閣《きんかく》や銀閣《ぎんかく》がつくられる
江戸幕府《えどばくふ》が開《ひら》かれる
明治維新《めいじいしん》
大正《たいしょう》デモクラシー
太平洋戦争《たいへいようせんそう》
高度経済成長《こうどけいざいせいちょう》
米作《こめづく》りが広《ひろ》まる
巨大《きょだい》なお墓《はか》（古墳《こふん》）がつくられる
奈良《なら》の大仏《だいぶつ》がつくられる
華《はな》やかな貴族《きぞく》の時代《じだい》
鎌倉幕府《かまくらばくふ》が開《ひら》かれる（武士《ぶし》の時代《じだい》の始《はじ》まり）
戦国時代《せんごくじだい》
町人文化《ちょうにんぶんか》が盛《さか》んになる
文明開化《ぶんめいかいか》
現代《げんだい》

もくじ

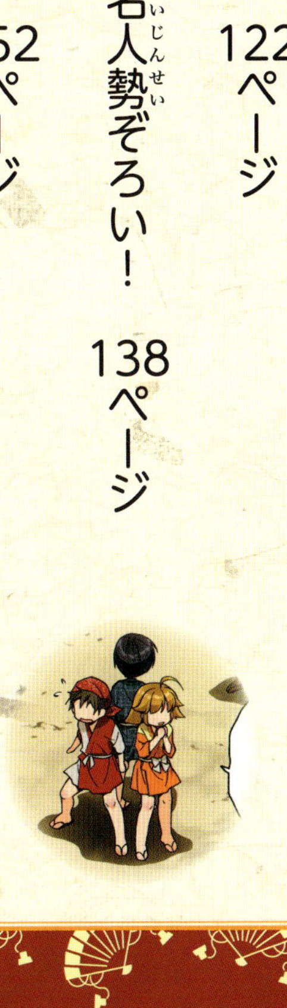

歴史《れきし》なるほどメモ

教《おし》えて!! 河合先生《かわいせんせい》 戦国時代《せんごくじだい》 おまけ話《ばなし》

登《とう》場《じょう》人《じん》物《ぶつ》

リュウ

元気《げんき》で運動《うんどう》が得意《とくい》な小学生《しょうがくせい》。
歴史《れきし》の知識《ちしき》は全《まった》くないが、
ゲームで知《し》った織田信長《おだのぶなが》に
あこがれている。
考《かんが》えなしで行動《こうどう》するために、
仲間《なかま》をピンチに巻《ま》き込《こ》む
こともしばしば。

カノン

３人組《にんぐみ》のリーダー格《かく》。
勉強《べんきょう》はそこそこできるが、
歴史《れきし》はあまり得意《とくい》ではない。
かわいい顔《かお》をしているが、
じつはかなりの乱暴者《らんぼうもの》？
お金《かね》に目《め》がくらむことが
しばしばある。

ジュン

３人組《にんぐみ》の知恵袋《ちえぶくろ》。
いつも冷静《れいせい》なようにみえて、
ピンチになると
急《きゅう》にテンパってしまうことも。
歴史《れきし》はそこそこ知《し》っているが、
じつはゲームの知識《ちしき》であることも多《おお》い。

藤吉郎《とうきちろう》

リュウたちが戦国時代《せんごくじだい》で
出会《であ》った下級武士《かきゅうぶし》。
リュウたちの時代《じだい》では
あまり聞《き》きなれない名前《なまえ》だが、
果《は》たしてその正体《しょうたい》は？

佐助《さすけ》

忍者《にんじゃ》の少年《しょうねん》。勝手《かって》に城《しろ》に入《はい》り込《こ》んだ
リュウたちを、見事《みごと》な忍術《にんじゅつ》で捕《つか》まえた。

1章《しょう》 戦国武者《せんごくむしゃ》がやってきた！

＊組頭《くみがしら》＝兵隊《へいたい》のまとめ役《やく》の人《ひと》

おおおお!!
カン
ザッ
っつ～～
槍《やり》が……
くそっ!
なんの!
まだ刀《かたな》がある!
……って
ない!!
うわあああ!
死《し》ぬのはいやじゃ
ぎゃあああ!!

さっ
さらばじゃ!
あっ 待《ま》て
逃《に》げるな!
ドドドドド
ガッ
ぶは!!
ジャア
ずる
地面《じめん》が雨《あめ》で
ぬかるんで……
ひ〜〜……
ザアァァ アァ アァァ
ゴン

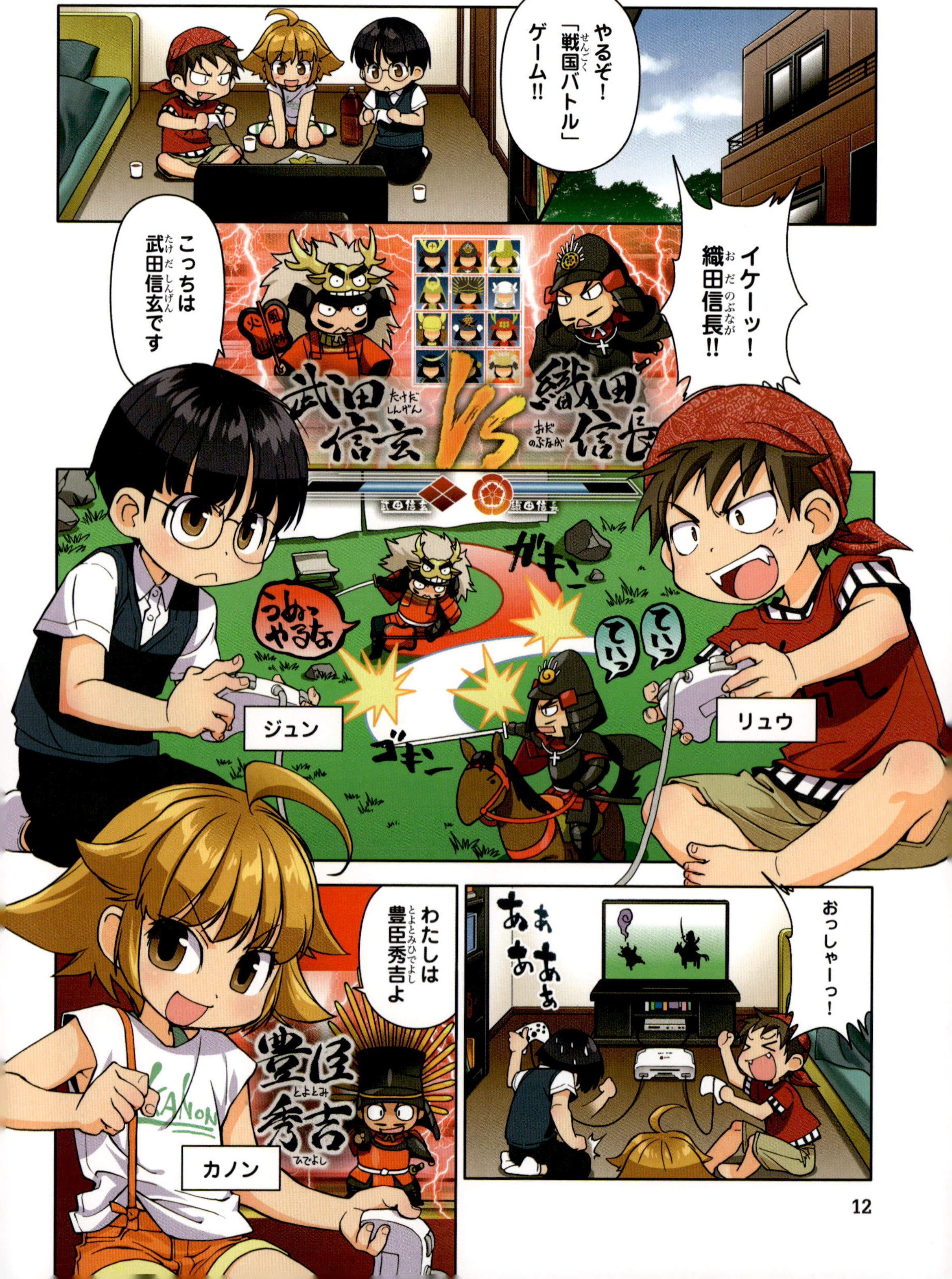
やるぞ！「戦国《せんごく》バトル」ゲーム!!
イケーッ！織田信長《おだのぶなが》!!
こっちは武田信玄《たけだしんげん》です
武田信玄《たけだしんげん》 VS 織田信長《おだのぶなが》
武田信玄
織田信長
ガキーン
ていっ
ていっ
うぬっ やるな
ゴキーン
リュウ
ジュン
おっしゃーっ！
ああああああ
わたしは豊臣秀吉《とよとみひでよし》よ
豊臣《とよとみ》秀吉《ひでよし》
KANON
カノン

あちょっとトイレ借《か》りますよ
OK《オーケイ》
ビ
ーッ
でかいうんち出《だ》せよ！
やめなさいよ！下品《げひん》ね！
ぎゃるるる
いてぇ!!いてぇよ!!
どすん
ばたん
おっしゃー
リアルで対戦《たいせん》してるよ…
はあ〜……
トイレ

ばん
ん？なんだここは？
子《こ》ども……？ここで何《なに》をしている？
うんこですけど？
うわーっ!!
……じゃなくてあなたこそ誰《だれ》!?
うわあああああ
おーい！リュウカノン～ッ!!

なんだ？紙《かみ》がないとか？
ずいぶんあわてた感《かん》じよ
何《なに》かしら？
はあ～めんどくせ
おれなんかいつもそのまま……
わーっ!! わーっ!!
あの ちょっとお尻《しり》ふきますから……
？？
カラカラ？
カラカラカラ
ここ 厠《かわや》＊なのか？ひょっとして
うわでかい…
おまわりさーん!!
ズゴオオオオオ
それより外《そと》は危《あぶ》ない
ここでじっとしていろ
わしもしばらくここにいさせてもらう
は？

＊厠《かわや》＝昔《むかし》のトイレの呼《よ》び名《な》

あの～……
まさかですけど
ゲームから抜《ぬ》け出《だ》して
きたとか？
なんのことだ？
外《そと》の戦《いくさ》の声《こえ》が
聞《き》こえないのか？
……とはいえ
静《しず》かだな
うわあああ～っ!!
見《み》てくる！
ここにいろよ
なんですか……
いったい？
バタン
それにしても
ノックぐらいするのが
エチケットですよ
キィ…
やれ
やれ…
ジュン
どうした～!?
うわああ～っ!!
どど
どど
いたたた……
なんなのよ……

ワァァァ ァ
アァァ
……これは
ワァァ
戦《たたか》い……
……よね？

わっ!
シュウゥゥウゥゥゥ
…
ドドドドドド
おわー!!
キャッ!
あわわ
何《なに》?
なんなの?
ああああ
しらないおじさんのかみのけがあぁ
バシュッ
リュウ
危《あぶ》なーい!!
ドカーン
ぎゃー!!
いたっ!

……
たいへん！
リュウってば大丈夫《だいじょうぶ》？
きゃー
ぶすぶす
リュウ
カノン
こっちへ！
ジュン！
ぼくたち ちょっとやっかいなことになったかもしれません
どういうこと？
ずるずる
ずるずる
ずるずる
普通《ふつう》に運《はこ》んでくれー!!
思《おも》うに……
トイレが昔《むかし》の世界《せかい》につながっちゃってここにタイムワープしてきたようです
そんなことって……
たぶん……ここは戦国時代《せんごくじだい》
500年《ねん》ぐらい前《まえ》の全国《ぜんこく》の大名《だいみょう》たちが争《あらそ》い合《あ》っていた時代《じだい》だと思《おも》います
え……
戦国時代《せんごくじだい》……

……ってことは！
本物《ほんもの》の戦国武将《せんごくぶしょう》に会《あ》えるじゃん！
何《なに》言《い》ってんの！
さっきあんなに危《あぶ》ない目《め》にあったのに！
うおおおお
信長《のぶなが》ビーム！！
ズドドドド
ゲームとちがいますよ…
うっ……
ガタッ
!?
さっきの人《ひと》……！
逃《に》げろ……敵《てき》が追《お》ってくる……早《はや》く！
え？
行《い》くわよ！
どーん

おまえら
逃《に》がしはせんぞ
ばっ
待《ま》て……
この子《こ》らは関係《かんけい》ない手《て》を出《だ》すな
おぬしこれで最期《さいご》だ
名《な》を名乗《なの》れ
……木下藤吉郎《きのしたとうきちろう》
覚悟《かくご》!!

戦《せん》国《ごく》時《じ》代《だい》ってどんな時《じ》代《だい》？

① 100年《ねん》続《つづ》いた戦乱《せんらん》の時代《じだい》

戦国時代《せんごくじだい》とは、今《いま》からおよそ550年前《ねんまえ》の室町時代《むろまちじだい》の後半《こうはん》に始《はじ》まり、100年《ねん》ほど続《つづ》いた戦乱《せんらん》の時代《じだい》です。

日本各地《にほんかくち》に現《あらわ》れた戦国大名《せんごくだいみょう》たちが、自分《じぶん》の領地《りょうち》を広《ひろ》げようと、お互《たが》いに争《あらそ》い合《あ》っていました。戦国大名《せんごくだいみょう》とは、自分《じぶん》の領地《りょうち》を力《ちから》で支配《しはい》した領主《りょうしゅ》のことです。この頃《ころ》は、弱《よわ》い者《もの》は滅《ほろ》ぼされ、強《つよ》い者《もの》が勝《か》ち残《のこ》る弱肉強食《じゃくにくきょうしょく》の時代《じだい》でした。

② 戦国時代《せんごくじだい》が始《はじ》まった理由《りゆう》とは？

室町時代《むろまちじだい》に日本《にほん》を支配《しはい》していたのは、室町幕府《むろまちばくふ》という政府《せいふ》で、そのトップは征夷大将軍《せいいたいしょうぐん》（将軍《しょうぐん》）でした。

けれども、室町時代《むろまちじだい》の後半《こうはん》になると、将軍《しょうぐん》や幕府《ばくふ》の権威《けんい》はすっかり弱《よわ》くなってしまいました。すると、地方《ちほう》で力《ちから》を持《も》った有力《ゆうりょく》な武士《ぶし》たちが、勝手《かって》に戦《たたか》いによって領地《りょうち》を広《ひろ》げ、その地《ち》を自分《じぶん》の力《ちから》で支配《しはい》するようになり、戦国大名《せんごくだいみょう》が生《う》まれていきました。こうして、戦国時代《せんごくじだい》が始《はじ》まったのです。

主《おも》な戦国大名《せんごくだいみょう》（1560年頃《ねんごろ》）

1560（永禄《えいろく》3）年《ねん》までの段階《だんかい》で、いちばん勢力《せいりょく》を持《も》っていた戦国大名《せんごくだいみょう》は今川義元《いまがわよしもと》（→55ページ）でした。今川氏《いまがわし》の領地《りょうち》は、今《いま》の静岡県《しずおかけん》のほぼ全域《ぜんいき》と愛知県《あいちけん》の一部《いちぶ》まで広《ひろ》がっていました。

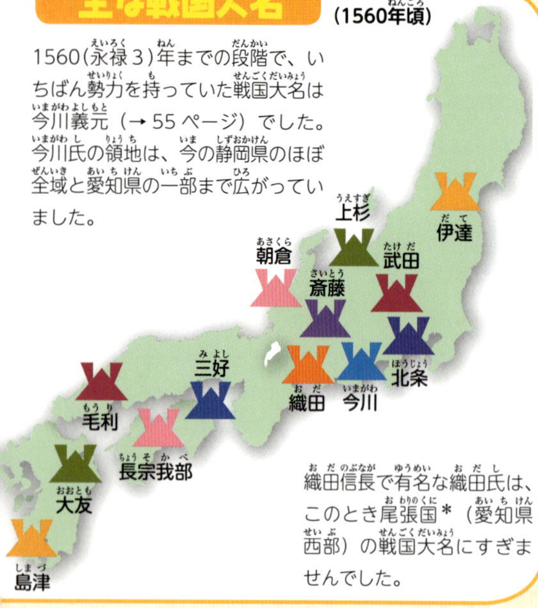
上杉《うえすぎ》
伊達《だて》
朝倉《あさくら》
武田《たけだ》
斎藤《さいとう》
三好《みよし》
北条《ほうじょう》
織田《おだ》
今川《いまがわ》
毛利《もうり》
長宗我部《ちょうそかべ》
大友《おおとも》
島津《しまづ》

織田信長《おだのぶなが》で有名《ゆうめい》な織田氏《おだし》は、このとき尾張国《おわりのくに》＊（愛知県《あいちけん》西部《せいぶ》）の戦国大名《せんごくだいみょう》にすぎませんでした。

＊国《くに》＝昔《むかし》はそれぞれの地域《ちいき》も国《くに》と呼《よ》んだ

幕府《ばくふ》に頼《たよ》っても何《なん》の役《やく》にも立《た》たない！
将軍《しょうぐん》の命令《めいれい》よりオレの領地《りょうち》のほうが大事《だいじ》だ！
戦《いくさ》はやめなさい！
ん？ 将軍《しょうぐん》が何《なに》か言《い》ってるけど、まあいいか
将軍《しょうぐん》
むう、誰《だれ》も言《い》うことを聞《き》いてくれない……
将軍《しょうぐん》に威厳《いげん》がないから、誰《だれ》も言《い》うことを聞《き》いてくれないんですね

日本各地《にほんかくち》にいろんな
戦国大名《せんごくだいみょう》がいたんだな

もの知《し》りコラム

戦国時代《せんごくじだい》のきっかけは、京都《きょうと》を焼《や》き尽《つ》くした「応仁《おうにん》の乱《らん》」

室町時代《むろまちじだい》の後半《こうはん》の1467（応仁《おうにん》1）年《ねん》。京都《きょうと》で「応仁《おうにん》の乱《らん》」という戦《たたか》いが始《はじ》まりました。きっかけは将軍家《しょうぐんけ》や管領《かんれい》（将軍《しょうぐん》の補佐役《ほさやく》）家《け》の後継《あとつ》ぎをめぐるもめごとです。

当時《とうじ》、室町幕府《むろまちばくふ》の8代将軍《だいしょうぐん》だった足利義政《あしかがよしまさ》は、息子《むすこ》がおらず、将軍《しょうぐん》の位《くらい》を弟《おとうと》に譲《ゆず》ろうとしました。しかし、妻《つま》・日野富子《ひのとみこ》に息子《むすこ》が生《う》まれると、富子《とみこ》は息子《むすこ》を将軍《しょうぐん》にしようとしました。そのため、将軍《しょうぐん》の後継《あとつ》ぎ争《あらそ》いが起《お》きたのです。この争《あらそ》いに管領家《かんれいけ》の後継《あとつ》ぎ争《あらそ》いなども加《くわ》わり、幕府《ばくふ》の有力《ゆうりょく》な家来《けらい》たちも巻《ま》き込《こ》んで、大《おお》きな戦《たたか》いになってしまいました。

◆◆◆

応仁《おうにん》の乱《らん》は11年《ねん》も続《つづ》き、戦場《せんじょう》となった京都《きょうと》は焼《や》け野原《のはら》となってしまいます。また、この戦《たたか》いは西日本《にしにほん》全体《ぜんたい》に広《ひろ》がっていきました。そして、戦《たたか》いをうまく収《おさ》めることができなかった将軍《しょうぐん》や幕府《ばくふ》の権威《けんい》は、すっかり弱《よわ》くなってしまったのです。

後継《あとつ》ぎ争《あらそ》いのせい
で戦争《せんそう》が起《お》きたの
ね……

戦国時代《せんごくじだい》のキーパーソン 1

芸術大好《げいじゅつだいす》き！ 政治《せいじ》は嫌《きら》い！

足利義政《あしかがよしまさ》

★生没年《せいぼつねん》 1436〜1490年《ねん》

室町幕府《むろまちばくふ》8代将軍《だいしょうぐん》。京《きょう》の東山《ひがしやま》に銀閣《ぎんかく》をつくるなど、芸術《げいじゅつ》や文化《ぶんか》をこよなく愛《あい》した。しかし、政治家《せいじか》としては向《む》いていなかった。

東京大学史料編纂所所蔵模写

戦国時代《せんごくじだい》のキーパーソン 2

幕府《ばくふ》のためにお金《かね》もうけ！

日野富子《ひのとみこ》

★生没年《せいぼつねん》 1440〜1496年《ねん》

足利義政《あしかがよしまさ》の妻《つま》。政治《せいじ》に無関心《むかんしん》な夫《おっと》に代《か》わって、幕府《ばくふ》の政治《せいじ》や財政《ざいせい》を取《と》り仕切《しき》った有能《ゆうのう》な女性《じょせい》だった。

宝鏡寺蔵

2章《しょう》 戦国時代《せんごくじだい》は力《ちから》の時代《じだい》！

ぐあっ！
今《いま》よ！
これ！
っしゃー!!
お……
おのれ！
ずっ
このっ！
このっ！
わーっ!!
あっち
行《い》っちゃえー!!
ガス
ゴス
ガス
大丈夫《だいじょうぶ》ですか？
……

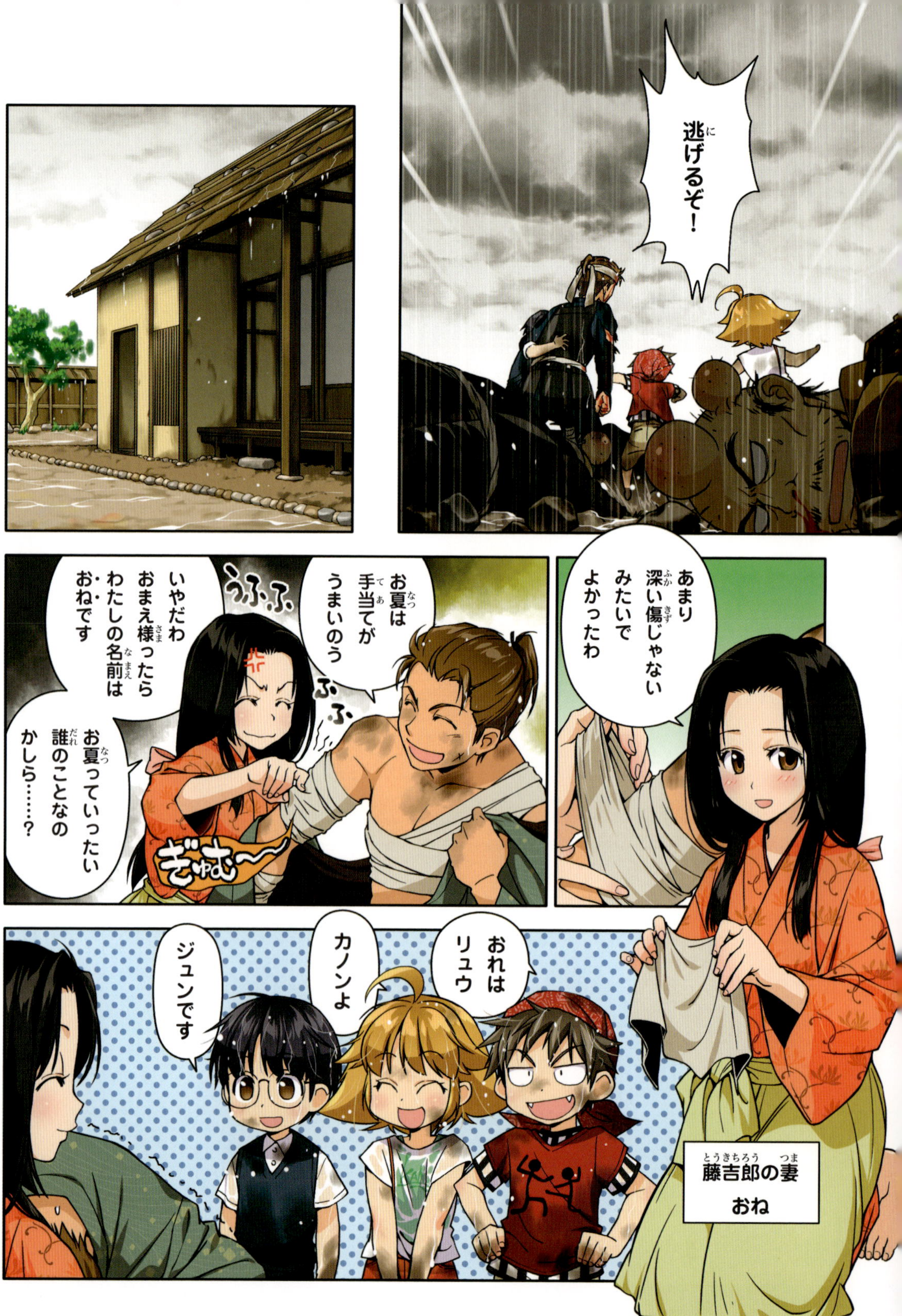
逃《に》げるぞ！
あまり深《ふか》い傷《きず》じゃないみたいでよかったわ
お夏《なつ》は手当《てあ》てがうまいのう
ふふ
うふふ
いやだわおまえ様《さま》ったらわたしの名前《なまえ》はおねです
お夏《なつ》っていったい誰《だれ》のことなのかしら……？
ぎゅむ〜〜
おれはリュウ
カノンよ
ジュンです
藤吉郎《とうきちろう》の妻《つま》
おね

戦《いくさ》で手柄《てがら》を立《た》てて えらい侍《さむらい》に出世《しゅっせ》したいと 思《おも》ったが
難《むずか》しいものだ
今日《きょう》だって この子《こ》らに 命《いのち》を助《たす》けられた ようなもの
はらへったー!! はらへったよおお!!
もーっ
ずぶ濡《ぬ》れで 床《ゆか》を転《ころ》がらないでよ
ゴロン
ゴロン
ゴロン
みんな ありがとうね
ほら これに着替《きが》えて
はらー あーー へあー
待《ま》ってて
これから ごはん つくるから
わあい!

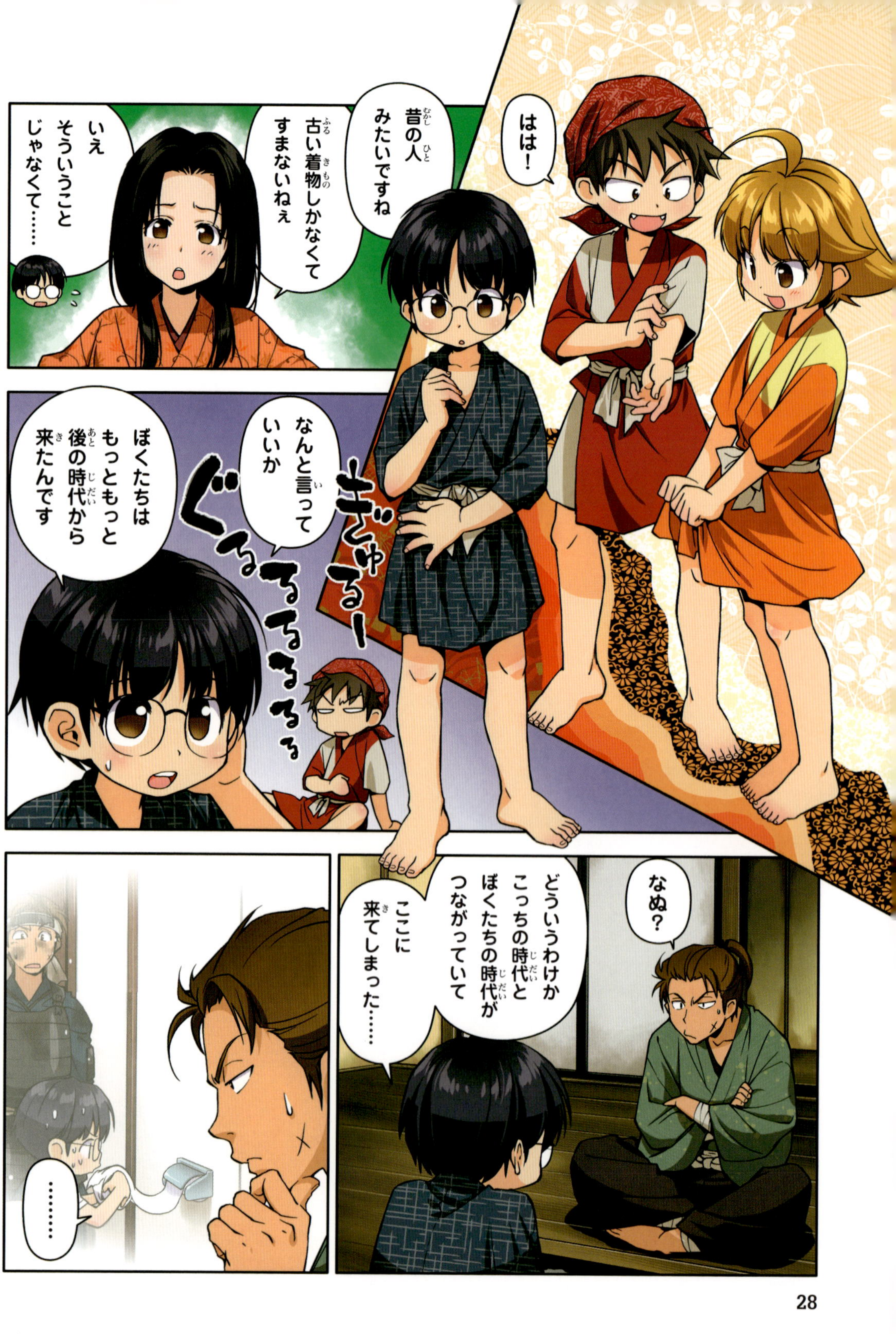
はは!
昔《むかし》の人《ひと》みたいですね
古《ふる》い着物《きもの》しかなくてすまないねぇ
いえ そういうことじゃなくて……
なんと言《い》っていいか
ぎゅるー
ぐるるるるるる
ぼくたちはもっともっと後《あと》の時代《じだい》から来《き》たんです
なぬ?
どういうわけかこっちの時代《じだい》とぼくたちの時代《じだい》がつながっていて
ここに来《き》てしまった……
………

つまり 未来《みらい》からやってきたのだな!?
おー あれは……
そうみたいです
ではわしの名《な》は聞《き》いたことがあるか?
んー……
たぶん ないかな……
では 信長様《のぶながさま》は?
織田信長《おだのぶなが》ですか? それなら有名《ゆうめい》ですよ
ああ! すげえんだぜ 信長《のぶなが》!
戦闘力《せんとうりょく》1万《まん》だぜ! チョーつえーし!
宇宙《うちゅう》でも戦《たたか》えるしな!
!?

ゲームの話《はなし》はいいの!
ちょっとした作《つく》り話《ばなし》ですよ
だよな!
まあ……ただ信長様《のぶながさま》の名《な》は残《のこ》っているということか
ほー
今《いま》の世《よ》は全国《ぜんこく》でたくさんの戦国大名《せんごくだいみょう》たちが戦《たたか》い合《あ》っている
弱《よわ》い者《もの》は滅《ほろ》ぼされる
“力《ちから》”がすべての世《よ》の中《なか》だ
上杉氏《うえすぎし》
武田氏《たけだし》
北条氏《ほうじょうし》
今川氏《いまがわし》
徳川氏《とくがわし》
織田氏《おだし》
斎藤氏《さいとうし》
朝倉氏《あさくらし》
浅井氏《あざいし》
山名氏《やまなし》
尼子氏《あまこし》
三好氏《みよしし》
長宗我部氏《ちょうそかべし》
毛利氏《もうりし》
大友氏《おおともし》
竜造寺氏《りゅうぞうじし》
島津氏《しまづし》
主《おも》な戦国大名《せんごくだいみょう》
こんなのゲームで見《み》たな
しかし言《い》い換《か》えれば“力《ちから》”があればどんどん出世《しゅっせ》できる
それを下剋上《げこくじょう》というのだ
おぬしはわしの名《な》を知《し》らんと言《い》ったが……
わしは自分《じぶん》の力《ちから》で成《な》り上《あ》がってみせる
おおっ

……で
わしのことはともかく
信長様《のぶながさま》は天下《てんか》を取《と》れるのか？
モム　モム　モム
よく知《し》りません
ぼくもゲームで名前《なまえ》を知《し》ったぐらいだし……
そうか
本当《ほんとう》の信長《のぶなが》は50体合体《たいがったい》なんかしないと思《おも》いますし……
あーっ！もういい！もういい！
ゴー
うぐっ……
ブホオッ!!
なんだ!?

おえ〜
くさってる!
ぎゃあああああ
お供《そな》えもののまんじゅうを食《く》ったのか!?
まあ…… それはそれは
だめじゃない! 人《ひと》のものを勝手《かって》に食《た》べちゃ!
少《すこ》しぐらい待《ま》ちなさいよ
くさっておったか……
わしらが食《く》わなくてよかったな
ね—
ちょっと!!
ねえ わたしたちこれからどうなるの?
もう家《うち》に帰《かえ》れないの?
おれだけおかゆ…うすい…うすい
もう…… お父《とう》さんとお母《かあ》さんに会《あ》えないの?

心配《しんぱい》すんなよ
カノン!
リュウ……
大丈夫《だいじょうぶ》!
なんとかするさ
ジュンが!
ガタン
頭《あたま》いいもんな!
……
藤吉郎《とうきちろう》さんが
トイレに……いや
厠《かわや》に来《き》た時《とき》
何《なに》か変《か》わったものは
見《み》ませんでしたか?
変《か》わったもの
ねえ……
必死《ひっし》だったからな
よく覚《おぼ》えておらん
あわてて
小屋《こや》に逃《に》げ込《こ》んだら
おぬしがいたのだ
藤吉郎《とうきちろう》さんは
あの小屋《こや》に
2度《ど》入《はい》ったことに
なりますね
ああ
おぬしらの
声《こえ》がして
戻《もど》ったのだ

やはり……
ただ2度目《どめ》は何《なに》も起《お》こらなかった……
……
てか追《お》っ手《て》がいたならまいてから来《き》てくださいよ!
ぼくらまきぞえくったじゃないですか!!
まいたと思《おも》ったんだがのう……
プウ〜〜〜
はらこわしてんだよ!
だはははははは
やだもー
厠《かわや》は外《そと》だ連《つ》れていってやる
そうだ!トイレから来《き》たんだからトイレに入《はい》れば帰《かえ》れたりして!
見《み》てくるぞ

ここだ
でかいうんち出《だ》せよ！
……
いざ！
ばん
…
……なんだ
特《とく》に何《なに》も起《お》こらないな
う～ん
水流《みずなが》すとこねーし……
？
だめだ
何《なに》も起《お》こらなかったよ
おぬし
全部《ぜんぶ》脱《ぬ》がないと
うんちできない
タイプか？
ここへ
来《き》たのはいいが
帰《かえ》れないとなると
そりゃあ困《こま》ったな……
ザッ

木下《きのした》どの
おきて〜っ
上様《うえさま》がお呼《よ》びです
ゴロン
ゴロン
は！急《いそ》ぎ参《まい》ります
上様《うえさま》って織田信長《おだのぶなが》？
こら 信長《のぶなが》〝様《さま》〟だ
ばっ
キターッ！信長《のぶなが》！
ねえ おれも一緒《いっしょ》に行《い》っていい？
いい？ いい？
降《お》りろ！
子《こ》どもが行《い》く場所《ばしょ》ではない
藤吉郎《とうきちろう》さん
未来《みらい》に帰《かえ》るヒントを探《さが》したいんです
城《しろ》に行《い》けば誰《だれ》か何《なに》か知《し》っている人《ひと》がいるかもしれませんし……
ひんと？

そうだな……
では 絶対《ぜったい》に 行儀《ぎょうぎ》よくすること！
信長様《のぶながさま》は とんでもなく "怖《こわ》い人《ひと》" だからな
ちょっとでも 怒《おこ》らせると 首《くび》が飛《と》ぶ ことになる
スパー
きゃー
え!?
着《つ》いたぞ
ここが 信長様《のぶながさま》の城《しろ》
清《きよ》洲《す》城《じょう》だ

戦国時代《せんごくじだい》のキーワード「下剋上《げこくじょう》」

① 下《した》の者《もの》が上《うえ》の者《もの》に実力《じつりょく》で勝《か》つ「下剋上《げこくじょう》」

戦国時代以前《せんごくじだいいぜん》は、室町幕府《むろまちばくふ》から任命《にんめい》された〝守護《しゅご》大名《だいみょう》〟と呼《よ》ばれる人《ひと》たちが、全国各地《ぜんこくかくち》を治《おさ》めていました。

戦国時代《せんごくじだい》になると、守護大名《しゅごだいみょう》から戦国大名《せんごくだいみょう》になった者《もの》もいましたが、実力《じつりょく》のある家臣《かしん》が守護大名《しゅごだいみょう》に代《か》わって、戦国大名《せんごくだいみょう》になることもたくさんありました。

このように、下《した》の者《もの》が上《うえ》の者《もの》に実力《じつりょく》で剋《か》つ（勝《か》つ）ことを、「下剋上《げこくじょう》」といいます。自分《じぶん》の実力次第《じつりょくしだい》で大《だい》名《みょう》にもなれる、それが戦国時代《せんごくじだい》の特徴《とくちょう》です。

② 下剋上《げこくじょう》に成功《せいこう》した戦国大名《せんごくだいみょう》たち

自分《じぶん》がかつて仕《つか》えていた主君《しゅくん》や、強《つよ》い者《もの》たちを倒《たお》して下剋上《げこくじょう》に成功《せいこう》し、成《な》り上《あ》がっていった代表的《だいひょうてき》な戦国大名《せんごくだいみょう》を見《み》ていきましょう。

戦国時代《せんごくじだい》のキーパーソン 3

戦国大名《せんごくだいみょう》のさきがけ

北条早雲《ほうじょうそううん》

★生没年《せいぼつねん》 1432～1519年《ねん》

関東地方《かんとうちほう》で勢力《せいりょく》をのばした北条氏《ほうじょうし》の初代《しょだい》。もとは室町幕府《むろまちばくふ》の役人《やくにん》だったというが、関東地方《かんとうちほう》の混乱《こんらん》に乗《じょう》じて、伊豆国《いずのくに》（静岡県伊豆半島《しずおかけんいずはんとう》と東京都伊豆諸島《とうきょうといずしょとう》）や相模国《さがみのくに》（神奈川県《かながわけん》）を奪《うば》い、戦国大名《せんごくだいみょう》になった。

小田原城天守閣蔵

戦国時代《せんごくじだい》のキーパーソン 4

マムシと呼《よ》ばれた男《おとこ》

斎藤道三《さいとうどうさん》

★生没年《せいぼつねん》 1494～1556年《ねん》

道三《どうさん》は、美濃国《みののくに》（岐阜県《ぎふけん》）の有力者《ゆうりょくしゃ》・長井氏《ながいし》の家来《けらい》だったが、主人《しゅじん》の長井氏《ながいし》を倒《たお》し、守護《しゅご》大名《だいみょう》の土岐氏《ときし》も追放《ついほう》して戦国大名《せんごくだいみょう》になった。主君《しゅくん》を何度《なんど》も裏切《うらぎ》った道三《どうさん》は、人情《にんじょう》のないマムシのようだといわれた。

東京大学史料編纂所所蔵模写

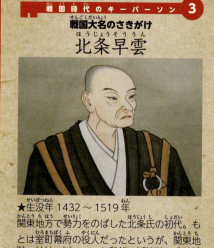

戦国時代《せんごくじだい》のキーパーソン 5

将軍《しょうぐん》を京《きょう》から追放《ついほう》

三好長慶《みよしながよし》

★生没年《せいぼつねん》 1522 ～ 1564 年《ねん》

阿波国《あわのくに》（徳島県《とくしまけん》）の守護大名《しゅごだいみょう》で室町幕府《むろまちばくふ》の管領《かんれい》（将軍《しょうぐん》の補佐役《ほさやく》）を務《つと》める細川氏《ほそかわし》に仕《つか》えていたが、主君《しゅくん》の細川氏《ほそかわし》や 13 代将軍《だいしょうぐん》・足利義輝《あしかがよしてる》を京《きょう》から追放《ついほう》して権力《けんりょく》を握《にぎ》った。大和国《やまとのくに》（奈良県《ならけん》）など 10 カ国《こく》を支配《しはい》。

東京大学史料編纂所所蔵模写

戦国時代《せんごくじだい》のキーパーソン 6

中国地方《ちゅうごくちほう》の雄《ゆう》

毛利元就《もうりもとなり》

★生没年《せいぼつねん》 1497 ～ 1571 年《ねん》

毛利氏《もうりし》は鎌倉時代《かまくらじだい》から続《つづ》く名門《めいもん》の家柄《いえがら》だが、元就《もとなり》は安芸国《あきのくに》（広島県《ひろしまけん》）の有力武士《ゆうりょくぶし》にすぎなかった。周防国《すおうのくに》（山口県《やまぐちけん》）の守護大名《しゅごだいみょう》・大内義隆《おおうちよしたか》を倒《たお》した強力《きょうりょく》な陶晴賢《すえはるかた》に勝《か》ち、中国地方有数《ちゅうごくちほうゆうすう》の戦国大名《せんごくだいみょう》となった。

東京大学史料編纂所所蔵模写

戦国時代《せんごくじだい》のキーパーソン 7

四国《しこく》の覇者《はしゃ》

長宗我部元親《ちょうそかべもとちか》

★生没年《せいぼつねん》 1539 ～ 1599 年《ねん》

土佐国《とさのくに》（高知県《こうちけん》）の豪族出身《ごうぞくしゅっしん》で、周囲《しゅうい》の武将《ぶしょう》たちを次々《つぎつぎ》と倒《たお》し、土佐国《とさのくに》を統一《とういつ》した。後《のち》に、阿波国《あわのくに》（徳島県《とくしまけん》）、伊予国《いよのくに》（愛媛県《えひめけん》）、讃岐国《さぬきのくに》（香川県《かがわけん》）にも勢力《せいりょく》を広《ひろ》げ、四国《しこく》のほとんどを支配《しはい》するまでになった。

東京大学史料編纂所所蔵模写

戦国時代《せんごくじだい》のキーパーソン 8

九州肥前《きゅうしゅうひぜん》の熊《くま》

竜造寺隆信《りゅうぞうじたかのぶ》

★生没年《せいぼつねん》 1529 ～ 1584 年《ねん》

肥前国《ひぜんのくに》（佐賀県《さがけん》・長崎県《ながさきけん》）の豪族出身《ごうぞくしゅっしん》。幼《おさな》い頃《ころ》に僧《そう》になったが、＊還俗《げんぞく》して家《いえ》を継《つ》いだ。隆信《たかのぶ》は守護大名《しゅごだいみょう》の少弐氏《しょうにし》を倒《たお》して、北九州《きたきゅうしゅう》に勢力《せいりょく》を広《ひろ》げた。かなりの肥満体《ひまんたい》だったので肥前《ひぜん》の熊《くま》と呼《よ》ばれた。

＊還俗《げんぞく》＝僧《そう》から一般《いっぱん》の人《ひと》に戻《もど》ること

佐賀県立博物館蔵

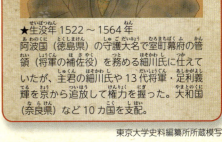

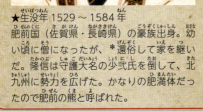

3章《しょう》 織田信長《おだのぶなが》はどんな人《ひと》？

城《しろ》って こんなんじゃ ねーの？
▲天守《てんしゅ》
この時代《じだい》 大《おお》きな天守《てんしゅ》は ないみたいです

清洲城《きよすじょう》……
思《おも》ってたより ちっちゃいな
念《ねん》のため 厠《かわや》を のぞいてみるか？
うん
だめだった……
そ…… そうか

信長様《のぶながさま》の話《はなし》が終《お》わったら誰《だれ》かに聞《き》いてやるから
しばらくここでおとなしく待《ま》っていろ
うろちょろするなよ!
はーい
藤吉郎《とうきちろう》今回《こんかい》の戦《いくさ》で負傷《ふしょう》したと聞《き》いたぞ具合《ぐあい》はどうだ?
織田信長《おだのぶなが》
は!何《なに》も問題《もんだい》ありません
どーん
ぴゅっ
この通《とお》りピンピンしております
……
……そうか

……で
わしがやった まんじゅうは 食《く》ったか?
ゴリゴリゴリ
……あ あれは……
そりゃもう 天《てん》に虹《にじ》が出《で》るほどの おいしさでした!
はっ
くるくる
……そうか
くさっては いなかったか
テキトーなやつに 押《お》し付《つ》けずに おれが食《く》えば よかった
チッ
今《いま》なんと?
気《き》にするな
近《ちか》いうちに また出撃《しゅつげき》する
戦《いくさ》の 準備《じゅんび》をおこたるな

は！
かしこまりました
スー
なんも入《はい》ってねー
勝手《かって》にいじっちゃだめでしょ！
あ～……たいくつだなー
ゴロン
そうですね
ここでじっとしててもつまんないし
ちょっとのぞきにいこうか
ダメよ うろちょろするなって言《い》われたでしょ
ばしーん

ジュン
近《ちか》くに信長《のぶなが》がいるんだぜ！本物《ほんもの》の信長《のぶなが》だ！
こんなチャンス逃《のが》すのか!?
歴史《れきし》の勉強《べんきょう》にもなるし!!
勉強《ベンキョウ》
ゴーン
あんたが“勉強《べんきょう》”なんて言《い》うとは……
うるせー!!かーちゃんか！
行儀《ぎょうぎ》よくするって約束《やくそく》したじゃない！
ゴゴゴゴゴ
ちょっとのぞくだけですよ！
やったー!!
ジュン!!
じゃましにいくわけじゃないし静《しず》かにしてるさ
いいのかな？知《し》らないわよ
大丈夫《だいじょうぶ》！大丈夫《だいじょうぶ》！
ひゃっほー
どたどたどたどた

ここ
ここ
ガサッ
藤吉郎《とうきちろう》さん
……ってことは前《まえ》にいるのが信長《のぶなが》ですね
あいつが信長《のぶなが》か!
う〜ん戦闘力《せんとうりょく》1万《まん》には見《み》えないな……
あれでドラゴンとか倒《たお》せるのか?
あのね……
藤吉郎《とうきちろう》

＊1 尾張《おわり》＝愛知県西部《あいちけんせいぶ》

＊2 美濃《みの》＝岐阜県《ぎふけん》

＊3 甲斐《かい》＝山梨県《やまなしけん》

＊4 越後《えちご》＝新潟県《にいがたけん》

いえ!
きっと成《な》し遂《と》げられます!
上様《うえさま》は歴史《れきし》に名《な》を残《のこ》すお方《かた》だとある者《もの》から聞《き》いたのです
あっ!
ガサッ
しーっ! しーっ!
だ……だって〝ある者《もの》〟ってぼくらのことが話《はなし》に出《で》てきたからびっくりして……
声《こえ》がでかいっての!!
リュウもだまって!
ああっ! ハチがっ!! ハチがっ!!
……
やだーっ来《こ》ないでー!!

ははは！
とんだお調子者《ちょうしもの》よ
まあよい
精一杯《せいいっぱい》励《はげ》めよ！
わー
わー
ヒュ！
ザッ
シュ
やば！
逃《に》げろ！
ガサ
ガサ
ガサ
気《き》づかれちゃった!?

ザ
まさか！静《しず》かだったぜ おれたち
ザ
そ……そうよね 静《しず》かにしてたよね わたしたち！
ザ
ザ
……いや うるさかったと 思《おも》います
うわ！
ザッ
走《はし》れ!!
ぎゃー!! こっちにも！
なっ
わあぁん！

か……囲《かこ》まれた……
に……忍者《にんじゃ》……？
あわわわわ
逃《に》げてもむだだよ
お頭《かしら》あやしい者《もの》を捕《と》らえました
うむ
佐助《さすけ》

上様《うえさま》
ズダーン
くせ者《もの》ども
そこを動《うご》くな!
わーっ!!
おまえらーっ!!
……
……のっ のぶっ…… 信長《のぶなが》が目《め》の前《まえ》に おろろろろろろ
吐《は》きながら しゃべってる
近《ちか》くでろろろると ろろろ意外《いがい》に ろろろろってる ろろろろろろろろ
何言《なにい》ってるか わかんないよ!
上様《うえさま》!
この者《もの》たちは 親戚《しんせき》の子《こ》でして!

おとなしくしていろと言《い》い聞《き》かせておいたのですが
お騒《さわ》がせして申《もう》し訳《わけ》ありません
が
どけぃ！
ん
自《みずか》らの行《おこな》いには責任《せきにん》を負《お》わねばならん
子《こ》どもとはいえ10歳《さい》も過《す》ぎれば戦《いくさ》へ出《で》る年頃《としごろ》だ

待《ま》て!!
ここに来《こ》ようと言《い》ったのはおれだ!
ジュンやカノンに責任《せきにん》はない!
もし斬《き》るというなら
おれだけを斬《き》れ!!
ほう……

戦国《せんごく》の風雲児《ふううんじ》・織田信長《おだのぶなが》

①「大《おお》うつけ」と呼《よ》ばれた若《わか》い頃《ころ》

織田信長《おだのぶなが》は尾張国《おわりのくに》（愛知県西部《あいちけんせいぶ》）の戦国大名《せんごくだいみょう》です。若《わか》い頃《ころ》の信長《のぶなが》は、腰《こし》からヒョウタンをぶら下《さ》げた奇抜《きばつ》な衣装《いしょう》で町《まち》をうろつき、町人《ちょうにん》たちと一緒《いっしょ》に騒《さわ》ぐなど、当時《とうじ》の常識《じょうしき》ではよくない行動《こうどう》を繰《く》り返《かえ》していました。

周《まわ》りの人《ひと》たちはそんな信長《のぶなが》を「大《おお》うつけ」（おろか者《もの》）だと言《い》ってなげいたといいます。

信長《のぶなが》がどうしてこのような行《おこな》いをしたのかは謎《なぞ》ですが、当時《とうじ》は尾張国内《おわりのくにない》の統一《とういつ》もされていなかったので、本当《ほんとう》の味方《みかた》を見極《みきわ》めるため、あえておろか者《もの》を演《えん》じていたのかもしれません。

ガハハ
ありゃ大うつけだ!

そんな格好《かっこう》じゃばかにされても仕方《しかた》ないですね

もの知《し》りコラム
信長《のぶなが》の力《ちから》を見抜《みぬ》いた斎藤道三《さいとうどうさん》

信長《のぶなが》には濃姫《のうひめ》という妻《つま》がいました。濃姫《のうひめ》は美濃国《みののくに》（岐阜県《ぎふけん》）の戦国大名《せんごくだいみょう》・斎藤道三《さいとうどうさん》の娘《むすめ》です。信長《のぶなが》と濃姫《のうひめ》の結婚《けっこん》は、織田氏《おだし》と斎藤氏《さいとうし》の関係《かんけい》を強《つよ》めるためのものでした。

◆◆◆

信長《のぶなが》は「大《おお》うつけ」だと、美濃国《みののくに》にもうわさは聞《き》こえていました。しかし、信長《のぶなが》と会《あ》った道三《どうさん》は、信長《のぶなが》の力《ちから》を見抜《みぬ》き、「いずれ私《わたし》の子《こ》どもたちは皆《みな》、信長《のぶなが》に従《したが》うことになるだろう」と語《かた》ったといいます。その言葉通《ことばどお》り、後《のち》に信長《のぶなが》は斎藤氏《さいとうし》を滅《ほろ》ぼし、美濃国《みののくに》を手《て》に入《い》れるのです。

◆◆◆

濃姫《のうひめ》については、道三《どうさん》の死後《しご》、美濃国《みののくに》に戻《もど》されたとか、若《わか》くして病死《びょうし》したとかいわれていますが、詳《くわ》しいことはわかっていません。

②いちやく有名人《ゆうめいじん》に！「桶狭間《おけはざま》の戦《たたか》い」

尾張国《おわりのくに》の小《ちい》さな大名《だいみょう》だった織田信長《おだのぶなが》が、日本中《にほんじゅう》を驚《おどろ》かせた戦《たたか》いがあります。1560（永禄《えいろく》3）年《ねん》の「桶《おけ》狭間《はざま》の戦《たたか》い」です。信長《のぶなが》が27歳《さい》のときでした。

この年《とし》、駿河国《するがのくに》・遠江国《とおとうみのくに》（ともに静岡県《しずおかけん》）などを支《し》配《はい》する戦国屈指《せんごくくっし》の大名《だいみょう》・今川義元《いまがわよしもと》が、尾張国《おわりのくに》に攻《せ》め込《こ》んできました。大名《だいみょう》としての実力《じつりょく》は断然《だんぜん》、今川氏《いまがわし》が上《うえ》でした。しかし信長《のぶなが》は、今川軍《いまがわぐん》が休憩《きゅうけい》して油断《ゆだん》しているところを襲《おそ》い、今川義元《いまがわよしもと》を討《う》ち取《と》りました。
小《ちい》さな勢力《せいりょく》の信長《のぶなが》が、強大《きょうだい》な今川氏《いまがわし》に勝《か》ったことで、その名《な》が全国《ぜんこく》に知《し》れ渡《わた》っていったのです。

桶狭間《おけはざま》の戦《たたか》いの時《とき》（1560年《ねん》）
朝倉義景《あさくらよしかげ》
越前《えちぜん》
若狭《わかさ》
飛騨《ひだ》
浅井長政《あさいながまさ》
美濃《みの》
斎藤義竜《さいとうよしたつ》
信濃《しなの》
近江《おうみ》
尾張《おわり》
六角氏《ろっかくし》
織田信長《おだのぶなが》
桶狭間《おけはざま》
甲斐《かい》
伊賀《いが》
三河《みかわ》
伊勢《いせ》
今川義元《いまがわよしもと》
北畠氏《きたばたけし》
駿河《するが》
遠江《とおとうみ》
志摩《しま》

信長《のぶなが》の周《まわ》りには今川氏《いまがわし》や斎藤氏《さいとうし》など、強敵《きょうてき》ぞろいだったが、信長《のぶなが》はそれらの勢力《せいりょく》を打《う》ち破《やぶ》っていった

強《つよ》い勢力《せいりょく》に挟《はさ》まれているな……

戦国時代《せんごくじだい》のキーパーソン 9

実力主義《じつりょくしゅぎ》で天下《てんか》を狙《ねら》う！

織田信長《おだのぶなが》

★生没年《せいぼつねん》 1534～1582年《ねん》

信長《のぶなが》は、低《ひく》い身分《みぶん》の者《もの》でも実力《じつりょく》や才能《さいのう》があればどんどん出世《しゅっせ》させた。そんな信長《のぶなが》のもとには優秀《ゆうしゅう》な人材《じんざい》が多《おお》く集《あつ》まった。古《ふる》い伝統《でんとう》やしきたりにとらわれない信長流《のぶながりゅう》のスタイルで、天下統一《てんかとういつ》へと突《つ》き進《すす》んだ。

長興寺蔵

戦国時代《せんごくじだい》のキーパーソン 10

天下《てんか》に最《もっと》も近《ちか》いといわれた大名《だいみょう》

今川義元《いまがわよしもと》

★生没年《せいぼつねん》 1519～1560年《ねん》

駿河国《するがのくに》（静岡県《しずおかけん》）など3国《ごく》を支配《しはい》し、政治《せいじ》や文化面《ぶんかめん》での評価《ひょうか》も高《たか》かった大名《だいみょう》。*東海道《とうかいどう》でいちばんの名将《めいしょう》という意味《いみ》で、「海道一《かいどういち》の弓《ゆみ》取《と》り」と呼《よ》ばれ、天下《てんか》に最《もっと》も近《ちか》いと考《かんが》えられていたが、「桶狭間《おけはざま》の戦《たたか》い」で信長《のぶなが》に敗《やぶ》れた。

臨済寺蔵

*東海道《とうかいどう》＝現在《げんざい》の関東地方《かんとうちほう》から東海地方《とうかいちほう》の太平洋《たいへいよう》に面《めん》した地域《ちいき》。尾張国《おわりのくに》、駿河国《するがのくに》など全部《ぜんぶ》で15カ国《こく》が含《ふく》まれる

4章《しょう》

どうやって時《とき》を超《こ》える!?

忍法《にんぽう》
木《こ》の葉《は》隠《がく》れの術《じゅつ》

おまえ1人《り》が責任《せきにん》を取《と》って死《し》ぬというのか?
ああ!
上様《うえさま》!
震《ふる》えているぞ
……!

しかし
パチン
仲間《なかま》思《おも》いの立派《りっぱ》な大将《たいしょう》だ
おまえ いい侍《さむらい》になるぞ
その調子《ちょうし》でますます励《はげ》め！
……
ぶはっ
びびったーっ!!
おしっこちびるかと思《おも》った!!
ドスン

リュウ!
いたい……。
はりきって柱《はしら》なんか斬《き》るから……
うわ～ん
よかった
よかった
……見《み》たな?
い……いえ
なにも!!
子《こ》どもなのに忍者《にんじゃ》なのか～
すごいわね
この服《ふく》カッコイイですね
わい
わい
…

忍者《にんじゃ》の服《ふく》は人《ひと》に見《み》つかりにくい色《いろ》なんだ
これを着《き》るときもあれば変装《へんそう》するときもあるよ
旅人《たびびと》
商人《しょうにん》
僧侶《そうりょ》
ほら……あの頭《あたま》に巻《ま》いてるやつ
あれもいいよな!
こんなの
そうだ佐助《さすけ》どのはいろんな場所《ばしょ》を見《み》てきているだろうから……
変《か》わった厠《かわや》のうわさを聞《き》いたことは?
変《か》わった厠《かわや》?
ええ厠《かわや》かどうかはっきりしませんが時《とき》を超《こ》えて飛《と》んでいける場所《ばしょ》……そんなうわさです

そんなの聞《き》いたことないいな……
佐助《さすけ》
あ！お頭《かしら》みんなちょっと待《ま》ってて
今《いま》から甲斐《かい》へ向《む》かい武田信玄《たけだしんげん》の様子《ようす》を探《さぐ》れ
支度《したく》せよ
信玄《しんげん》の？
そうだ
今《いま》は信玄《しんげん》と争《あらそ》ってはいないが……
おれが美濃《みの》を攻《せ》めている間《あいだ》に後《うし》ろから攻《せ》められてはたまらん
戦国一《せんごくいち》の強者《つわもの》と呼《よ》ばれる信玄《しんげん》よ用心《ようじん》にこしたことはない
いかにも

上様《うえさま》
みんなのうわさ話《ばなし》ですが
変《か》わった厠《かわや》ってご存《ぞん》じですか？
変《か》わった厠《かわや》……？
そういえば信玄《しんげん》の厠《かわや》は変《か》わっていると聞《き》くぞ
え？
それって時《とき》を飛《と》べる厠《かわや》ですか？
時《とき》を飛《と》べる厠《かわや》だと……？
わははははは
ビシッ
そんなバカな話《はなし》があるか
おまえは黙《だま》ってろ！
ぎゃあああ

よし！信玄《しんげん》の様子《ようす》とともに
時《とき》を飛《と》べる厠《かわや》のうわさも探《さぐ》ってこい！
はい かしこまりました
上様《うえさま》が食《く》いついた……
いや 待《ま》て おれも一緒《いっしょ》に行《い》くぞ
美濃《みの》を攻《せ》めるのでは？
まずは武田《たけだ》の厠《かわや》だ！
美濃《みの》の厠《かわや》は空《そら》を飛《と》ぶとか
ドドドド
よし やっぱり美濃《みの》だ！
いまでっちあげたうわさですが
みんな 武田信玄《たけだしんげん》の厠《かわや》が変《か》わっているらしいよ
時《とき》を飛《と》べるかどうかは知《し》らないけど……
本当《ほんとう》か!?

わたしたちも一緒《いっしょ》に行《い》ってもいい？
甲斐《かい》って結構遠《けっこうとお》いよ
遠《とお》くても行《い》かなきゃいけないんです
何《なに》か手《て》がかりがあるならそれを確《たし》かめないと
ぼくたちは家《うち》に帰《かえ》れない
お願《ねが》いします!!
……よかろうついてこい
念《ねん》のため護身用《ごしんよう》に短刀《たんとう》を渡《わた》しておくね
お……おれ手裏剣《しゅりけん》がいい！忍者《にんじゃ》の道具《どうぐ》！
まきびし！
煙玉《けむりだま》！
まあいいけど….
そんなの持《も》ってても練習《れんしゅう》なしでは使《つか》えないぞ

みんな お頭《かしら》に迷惑《めいわく》をかけちゃだめだぞ
しんどくても我慢《がまん》すること
それから危《あぶ》ない目《め》にあったら逃《に》げること
それから……
大丈夫《だいじょうぶ》！藤吉郎《とうきちろう》さんは心配性《しんぱいしょう》だなあ
これでお別《わか》れかと思《おも》うとちと寂《さび》しくてな……
無事《ぶじ》に元《もと》の世界《せかい》に帰《かえ》ってほしいが
ダメだったらいつでもここに戻《もど》ってこい

まずは舟《ふね》で行《い》く
海《うみ》が荒《あ》れなければ問題《もんだい》なかろう
武田信玄《たけだしんげん》は戦国最強《せんごくさいきょう》といわれる男《おとこ》だ
おぬしらの探《さが》し物《もの》について何《なに》か知《し》っているといいな
戦国最強《せんごくさいきょう》!?
あの信長《のぶなが》よりも怖《こわ》かったりして……!
リュウちびるなよ
おれよくゲームで負けんねーし…
ちびるかよ!
待《ま》ってろよ武田信玄《たけだしんげん》!
出発《しゅっぱつ》だー!!

……って
大荒《おおあ》れじゃん!!
うわわわ
ざばーん
大丈夫《だいじょうぶ》なの!? 沈《しず》むんじゃ……
このくらいじゃ沈《しず》みはせん
あ──!!
ドン
きゃ──!!
落《お》ちるっ落《お》ちる──!!
佐助《さすけ》たち余裕《よゆう》すぎだろ!
鍛《きた》えてるからね!

今日《きょう》は
いつもより
波《なみ》がないほう
ですよね
うむ
助《たす》けて
神様《かみさま》───っ!!
なんとか……
たどりついたな
死《し》ぬかと
思《おも》った……
ここからが
本番《ほんばん》だ
多少《たしょう》
山道《やまみち》を歩《ある》くが
平気《へいき》だな
ムリ!!
おまえらが
ついてくるって
言《い》ったんだぞ
行《い》くぞ
はあーい
はあ……
信玄《しんげん》のところに
つくまで
生《い》きてるかな……
…
信玄《しんげん》?

はぁ
はぁ
はぁ
大丈夫《だいじょうぶ》？
やっぱりむりむり～!!
のど渇《かわ》いた～っ!!
足痛《あしいた》い～!!
誰《だれ》よ 一緒《いっしょ》に行《い》こうなんて言《い》ったの！
ビシッ
ビシッ
これどうぞ忍者《にんじゃ》の薬《くすり》水渇丸《すいかつがん》だよ
のどの渇《かわ》きがいやされる
うん なんか元気《げんき》出《で》たかも……
少《すこ》しね……
武田《たけだ》を探《さぐ》りに来《き》た忍《しの》びか……

かかれ！
!!
いかん！ふせろ！
えっ!?

戦国時代《せんごくじだい》に活躍《かつやく》した忍者《にんじゃ》たち

①忍者《にんじゃ》はスーパーマン!?

忍者《にんじゃ》（忍《しの》び）は、不思議《ふしぎ》な術《じゅつ》を使《つか》って、敵《てき》をバタバタと倒《たお》すイメージがあるかもしれません。でも、忍者《にんじゃ》の本当《ほんとう》の仕事《しごと》は敵《てき》を倒《たお》すことではなく、スパイのようにひそかに情報《じょうほう》を集《あつ》めること。情報《じょうほう》が多《おお》いほど、戦《たたか》いなどでは有利《ゆうり》になります。戦国時代《せんごくじだい》には、全国各地《ぜんこくかくち》の大名《だいみょう》が忍者《にんじゃ》を使《つか》いました。

②これが忍者《にんじゃ》の訓練法《くんれんほう》だ！

忍者発祥《にんじゃはっしょう》の地《ち》は、伊賀《いが》（三重県《みえけん》）や甲賀《こうか》（滋賀県《しがけん》）といわれています。

忍者《にんじゃ》の里《さと》では、小《ちい》さな子《こ》どものうちから訓練《くんれん》が行《おこな》われました。多《おお》くの子《こ》どもの中《なか》から、才能《さいのう》のある子《こ》どもが忍者《にんじゃ》に選《えら》ばれ、12歳《さい》ぐらいになると実際《じっさい》の仕事《しごと》に出《で》たようです。

忍者《にんじゃ》の術《じゅつ》あれこれ

忍者《にんじゃ》は、人《ひと》に見《み》つからないことが大切《たいせつ》です。
身《み》を隠《かく》す術《じゅつ》や、変装《へんそう》が得意《とくい》でした。

水遁《すいとん》の術《じゅつ》

水《みず》にもぐって筒《つつ》で息《いき》をする

土遁《どとん》の術《じゅつ》

土《つち》に穴《あな》を掘《ほ》って隠《かく》れる

水《みず》ぐもの術《じゅつ》

直径《ちょっけい》70㎝ほどの水《みず》ぐもという道具《どうぐ》を両足《りょうあし》につけて、泥《どろ》の上《うえ》を渡《わた》った

火遁《かとん》の術《じゅつ》

忍者《にんじゃ》は火薬《かやく》の扱《あつか》いに長《た》けていた。煙玉《けむりだま》を使《つか》って逃《に》げることも

忍者《にんじゃ》の訓練法《くんれんほう》

静《しず》かに歩《ある》く
音《おと》を立《た》てないよう、足《あし》はかかとから上《あ》げ、つま先《さき》からつく。このような歩《ある》き方《かた》を「ぬき足《あし》さし足《あし》」という

速《はや》く走《はし》る
頭《あたま》に巻《ま》いた長《なが》い布《ぬの》を地面《じめん》につけないように走《はし》る。布《ぬの》はどんどん長《なが》くしていく

腕《うで》の力《ちから》をつける
塀《へい》や石垣《いしがき》をよじ登《のぼ》ることがあるため、忍者《にんじゃ》には力《ちから》も必要《ひつよう》。木《き》にぶら下《さ》がるなどして腕力《わんりょく》を鍛《きた》えた

③ 忍者屋敷《にんじゃやしき》を見《み》てみよう！

忍者《にんじゃ》は火薬《かやく》や薬《くすり》の知識《ちしき》など、秘密《ひみつ》の技術《ぎじゅつ》をたくさん持《も》っていました。忍者屋敷《にんじゃやしき》には、それらの秘密《ひみつ》を守《まも》ったり、敵《てき》から身《み》を隠《かく》したりする、さまざまなしかけがあったともいわれています。

イラスト：青山邦彦

隠《かく》し階段《かいだん》
抜《ぬ》け穴《あな》
いろりの抜《ぬ》け穴《あな》
どんでん返《がえ》し
つり階段《かいだん》
落《お》とし穴《あな》
くるる戸《ど》

逃《に》げ道《みち》とかわなとかいっぱいだぜ
忍者《にんじゃ》の話《はなし》は後世《こうせい》のつくり話《ばなし》も多《おお》いと聞《き》きますが

忍者《にんじゃ》の秘密道具《ひみつどうぐ》いろいろ

忍刀《しのびがたな》
一般的《いっぱんてき》な刀《かたな》より短《みじか》い。鞘《さや》につけた長《なが》い紐《ひも》は、捕《と》らえた敵《てき》を縛《しば》るなど、いろんな使《つか》い道《みち》があった

下げ緒
（約《やく》3m）

手裏剣《しゅりけん》
手裏剣《しゅりけん》は敵《てき》を倒《たお》すことより、それを投《な》げて、敵《てき》がひるんだ隙《すき》に逃《に》げるために使《つか》う

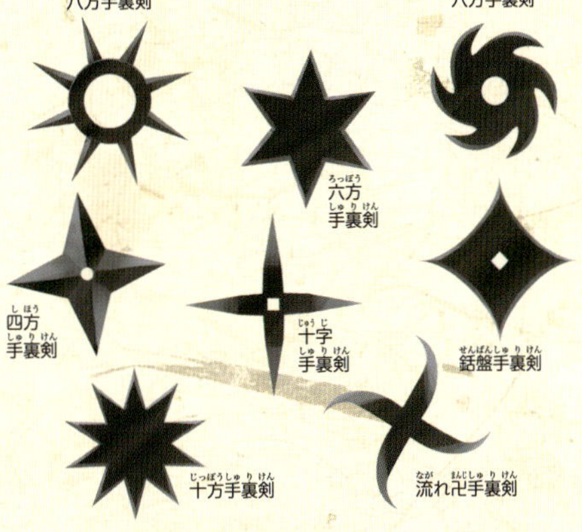
八方手裏剣《はっぽうしゅりけん》
六方手裏剣《ろっぽうしゅりけん》
六方《ろっぽう》手裏剣《しゅりけん》
四方《しほう》手裏剣《しゅりけん》
十字《じゅうじ》手裏剣《しゅりけん》
銛盤手裏剣《せんばんしゅりけん》
十方手裏剣《じっぽうしゅりけん》
流《なが》れ卍手裏剣《まんじしゅりけん》

角手《かくて》
指《ゆび》にはめて相手《あいて》を引《ひ》っかき、傷《きず》をつける

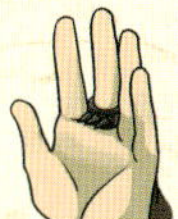

まきびし
相手《あいて》に追《お》われた時《とき》にまく。踏《ふ》むと痛《いた》い

吹《ふ》き矢《や》
見《み》た目《め》はただの笛《ふえ》だが、筒《つつ》の中《なか》に毒針《どくばり》を仕込《しこ》んで飛《と》ばす

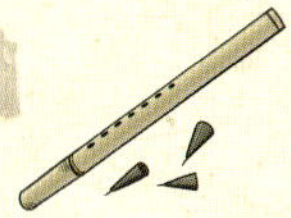

5章《しょう》
死闘《しとう》！
忍者《にんじゃ》VS.《バーサス》忍者《にんじゃ》

みんなこっちだ！
ギィン
あわわわわゎゎわわ
ガッ

フッ
幻《まぼろし》か……
くそっ！
あれっ？
あれ！
分身《ぶんしん》の術《じゅつ》
じゃねえ!?
おっさん
あっちにも
こっちにもいる！
ヒュ
すげえ
初《はじ》めて見《み》た……
……って
わーっ!!

ギ
ギ
あぶない佐助《さすけ》！
今《いま》助《たす》けるぞ！
すかーっ
すかーっ
すかーっ
あんなに近《ちか》いのに外《はず》しまくりだー!!
3人《にん》とも下《さ》がって！じゃま!!
うああ！本当《ほんとう》のこと言《い》いやがって！
ズル
ズル
ズル
藤吉郎《とうきちろう》さんを助《たす》けた時《とき》のはまぐれか…
く……う

黙《だま》って見《み》ていられるか！
どんどん投《な》げろ!!
いつかなんとかなるかもー!!
えーい!!
ばっ
ふ
くそっ！煙玉《けむりだま》か……
今《いま》だ!!

プ
くっ……
毒《どく》か……
不覚《ふかく》!
覚悟《かくご》!!
忍法《にんぽう》……
ザワ…

木《こ》の葉《は》の舞《まい》ー
でやあああ!!

お頭《かしら》
大丈夫《だいじょうぶ》ですか？
なんとか……な
ただ
しばらくは
毒消《どくけ》しの治療《ちりょう》に
かからねば……
おまえらは
先《さき》を急《いそ》げ
また新《あら》たな追《お》っ手《て》が
やってくるかもしれん
お頭《かしら》……
おれのことは
心配《しんぱい》するな
後《あと》で必《かなら》ず追《お》いつく
急《いそ》げ！

はあ……はあ……
なんとか追《お》っ手《て》にも見《み》つからずに来《こ》られたね……
おいしい
うん
この土手《どて》沿《ぞ》いに歩《ある》けば もう町《まち》だよ
この時代《じだい》の旅《たび》ってたいへんですね バスも電車《でんしゃ》もないし……
いきなり襲《おそ》われるし……
ん−……
変装《へんそう》してるから襲《おそ》われないと思《おも》ったけどな
ちょっと油断《ゆだん》したよ
信玄《しんげん》のところにつくまで生《い》きてるかな……
信玄《しんげん》？
もしかして……あれ聞《き》かれた？

もうちょっとだ 急《いそ》ごう！
ここが 武田信玄《たけだしんげん》の館《やかた》だ
いきなり 入《はい》れるわけ ないですよね
あのさ…
トイレいきたいん だけど……
え？ このタイミングで？
まだ はらの調子《ちょうし》が 悪《わる》いんだよ！

“大《だい》”のほうですか……
そのへんでしたら?
いや
のぐそは……ちょっと
はじらいがあったとは!?
忍《しの》び込《こ》もうぜ屋敷《やしき》にはトイレあるだろ?
早《はや》く早《はや》く……
やるか
これで

ガキッ
1人《り》ずつ渡《わた》ろう
まずは ぼくから
静《しず》かに
え？
え？
すぃ〜〜
え？
スタッ
……
つ……次《つぎ》はおれ！
いそげ いそげ

ああっ!!
もれるっ!!
もれるぅう!!
中身《なかみ》がっ!!
あんこがっ!!
いますぐに!!
ぎゅるるる
静《しず》かにって
言《い》ってるのに
こいつは……
しずかにぃぃ
スタッ
おーい!!
みんな!!
早《はや》く来《こ》い!!
急《いそ》げ……
ビシッ
しーっ
ザク…
チョイ
チョイ

さ
カノン
うそ……
うわーん
怖《こわ》いよー
さくさく
さくさくさく
さく
むりー
もー むりー
怖《こわ》がってるわりに
なに その速《はや》さ！
わたし 忍者《にんじゃ》じゃ
ないんだけど……！
十分《じゅうぶん》
やっていけるよ
ぜー
ぜー
べ〜
くい
はっ!!
やべー
もうだめだ!!
先《さき》に行《い》くぞ!!
ああっ！
こらー!!
ヒモで
しばっとけば
よかった……

戦国時代《せんごくじだい》の城《しろ》と人々《ひとびと》の暮《く》らし

① 城《しろ》を中心《ちゅうしん》に城下町《じょうかまち》ができた

戦国時代初期《せんごくじだいしょき》の城《しろ》は、山《やま》の上《うえ》につくられた「山城《やまじろ》」が主流《しゅりゅう》でした。城《しろ》は戦《いくさ》の時《とき》に使《つか》うものなので、防御《ぼうぎょ》を第一《だいいち》に考《かんが》え、攻《せ》め込《こ》まれにくい山《やま》の地形《ちけい》を利用《りよう》したのです。やがて、小《ちい》さな山《やま》や丘《おか》の上《うえ》に構《かま》える「平山城《ひらやまじろ》」や、平地《へいち》に構《かま》える「平城《ひらじろ》」が増《ふ》えていき、城《しろ》を中心《ちゅうしん》にした城下町《じょうかまち》が発達《はったつ》しました。

もの知《し》りコラム

戦国時代《せんごくじだい》の城《しろ》には、天守《てんしゅ》がなかった？

城《しろ》に高《たか》くそびえる立派《りっぱ》な建物《たてもの》。それは天守《てんしゅ》というやぐらで、城《しろ》の重要《じゅうよう》な建物《たてもの》の一《ひと》つです。

しかし、本格的《ほんかくてき》な天守《てんしゅ》がつくられ始《はじ》めたのは、戦国時代《せんごくじだい》の終《お》わり頃《ごろ》、織田信長《おだのぶなが》が建《た》てた安土城《あづちじょう》からだといわれます。天守《てんしゅ》は城《しろ》の最後《さいご》の砦《とりで》の役《やく》割《わり》がありますが、それと同時《どうじ》に、人々《ひとびと》に大名《だいみょう》の力《ちから》を見《み》せ付《つ》けるという意味《いみ》もあったのです。

もの知《し》りコラム

黒《くろ》い天守《てんしゅ》と白《しろ》い天守《てんしゅ》の違《ちが》いって？

天守《てんしゅ》には、黒《くろ》く塗《ぬ》られたものと、白《しろ》く塗《ぬ》られたものがあります。その違《ちが》いはなんでしょう？

黒《くろ》は目立《めだ》たず、人《ひと》の目《め》には小《ちい》さく見《み》えるという特徴《とくちょう》があります。逆《ぎゃく》に白《しろ》は大《おお》きく見《み》えます。そのため、戦《いくさ》が多《おお》かった戦国時代《せんごくじだい》には黒《くろ》い天守《てんしゅ》が多《おお》く、その後《ご》、平和《へいわ》になった江戸時代《えどじだい》には、人々《ひとびと》からよく見《み》えるように、白《しろ》い天守《てんしゅ》が多《おお》く建《た》てられたといいます。

姫路城《ひめじじょう》（兵庫県《ひょうごけん》）
白《しろ》く美《うつく》しい姿《すがた》から白鷺城《しらさぎじょう》とも呼《よ》ばれる。江戸時代《えどじだい》に建《た》てられた天守《てんしゅ》だ

写真：朝日新聞社

松本城《まつもとじょう》（長野県《ながのけん》）
黒《くろ》い天守《てんしゅ》で有名《ゆうめい》。こちらは安土桃山《あづちももやま》～江戸時代《えどじだい》に建《た》てられた天守《てんしゅ》

写真：朝日新聞社

②戦国時代《せんごくじだい》の城下町《じょうかまち》を見《み》てみよう

越前国《えちぜんのくに》（福井県《ふくいけん》）一乗谷《いちじょうだに》は、戦国大名《せんごくだいみょう》・朝倉氏《あさくらし》の城下町《じょうかまち》として栄《さか》えました。現在《げんざい》、一乗谷《いちじょうだに》では、武家《ぶけ》屋敷《やしき》や商人《しょうにん》の家《いえ》などが実物大《じつぶつだい》で復元《ふくげん》されていて、当《とう》時《じ》の町並《まちな》みや人々《ひとびと》の暮《く》らしがよくわかります。

武家屋敷《ぶけやしき》（復元《ふくげん》）　敷地内《しきちない》には、蔵《くら》や井戸《いど》、トイレもある

写真：一乗谷朝倉氏遺跡資料館

武家屋敷《ぶけやしき》の中《なか》には、等身大《とうしんだい》の人形《にんぎょう》もある。部屋《へや》は畳敷《たたみじ》きだ

写真：朝倉氏遺跡保存協会

通《とお》りは、敵《てき》が攻《せ》めにくいようにT《ティー》字路《じろ》や行《い》き止《ど》まりなどの工夫《くふう》もある

写真：朝日新聞社

③戦国時代《せんごくじだい》の女性《じょせい》と子《こ》ども

戦国時代《せんごくじだい》、農業《のうぎょう》や商業《しょうぎょう》が盛《さか》んになり、女性《じょせい》も子《こ》どももよく働《はたら》きました。当時《とうじ》の職業《しょくぎょう》を描《えが》いた絵巻物《えまきもの》にも、働《はたら》く女性《じょせい》の姿《すがた》がたくさん描《か》かれています。子《こ》どもも幼《おさな》い頃《ころ》から仕事《しごと》の修業《しゅぎょう》や手伝《てつだ》いなどをしていました。

③大原女《おおはらめ》

まきを売《う》り歩《ある》く

②桂女《かつらめ》

川《かわ》でとれた魚《さかな》を売《う》る

①機織師《はたおりし》

織機《しょっき》で布《ぬの》を織《お》る

②は京《きょう》の桂川《かつらがわ》でとれた魚《さかな》を売《う》った女性《じょせい》たち

③は京《きょう》の大原《おおはら》の女性《じょせい》たち

（①④⑤「職人尽歌合」、②③「建保職人歌合」から）

国立国会図書館 HP から

⑤縫物師《ぬいものし》

布《ぬの》にししゅうをする

④酒造《さけづく》り

酒《さけ》をつくる

6章《しょう》 戦国最強《せんごくさいきょう》!? 武田信玄《たけだしんげん》

信玄《しんげん》の厠《かわや》はたたみ6畳分《じょうぶん》もあるだと?

どーーーん
!?
ひっ……
お!やっぱりトイレだ!

おじさん代《か》わって！もれそうなんだ
なになに……「先日《せんじつ》のお菓子《かし》おいしかったですありがとう」
そうじゃろうそうじゃろう
おじさん！
おじさーん!!
「今度《こんど》また遊《あそ》びにきてください」
「お礼《れい》にきれいな焼《や》き物《もの》が手《て》に入《はい》ったので送《おく》ります」
………
どれ……返事《へんじ》でも書《か》いてやるか
「ありがとういただきます」
「そちらからもいつか遊《あそ》びにきてくださいね」

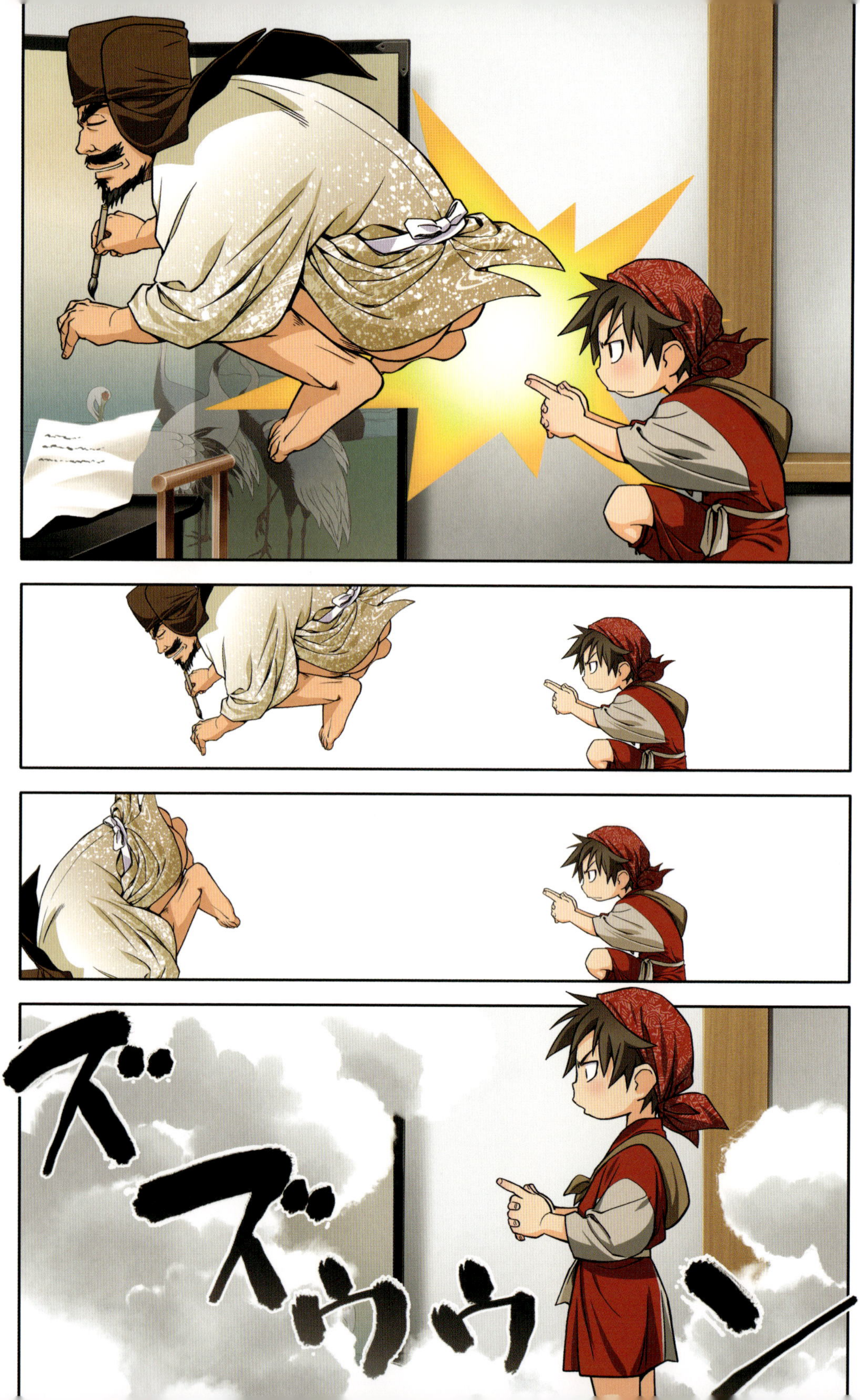

※肛門《こうもん》を刺《さ》す行為《こうい》はとても危険《きけん》です。
絶対《ぜったい》に真似《まね》しないでください！

＊御屋形様《おやかたさま》＝有力《ゆうりょく》な大名家《だいみょうけ》の主人《しゅじん》の呼《よ》び名《な》

おまえらーっ!!
あっ 御屋形様《おやかたさま》だ!
ん? こいつらは? 曲者《くせもの》め!
遅《おそ》い!!
曲者《くせもの》め ひかえろ!
このお方《かた》を どなたと心得《こころえ》る!
武田家当主《たけだけとうしゅ》 甲斐《かい》の戦国大名《せんごくだいみょう》
武田信玄公《たけだしんげんこう》に あらせられるぞ!!

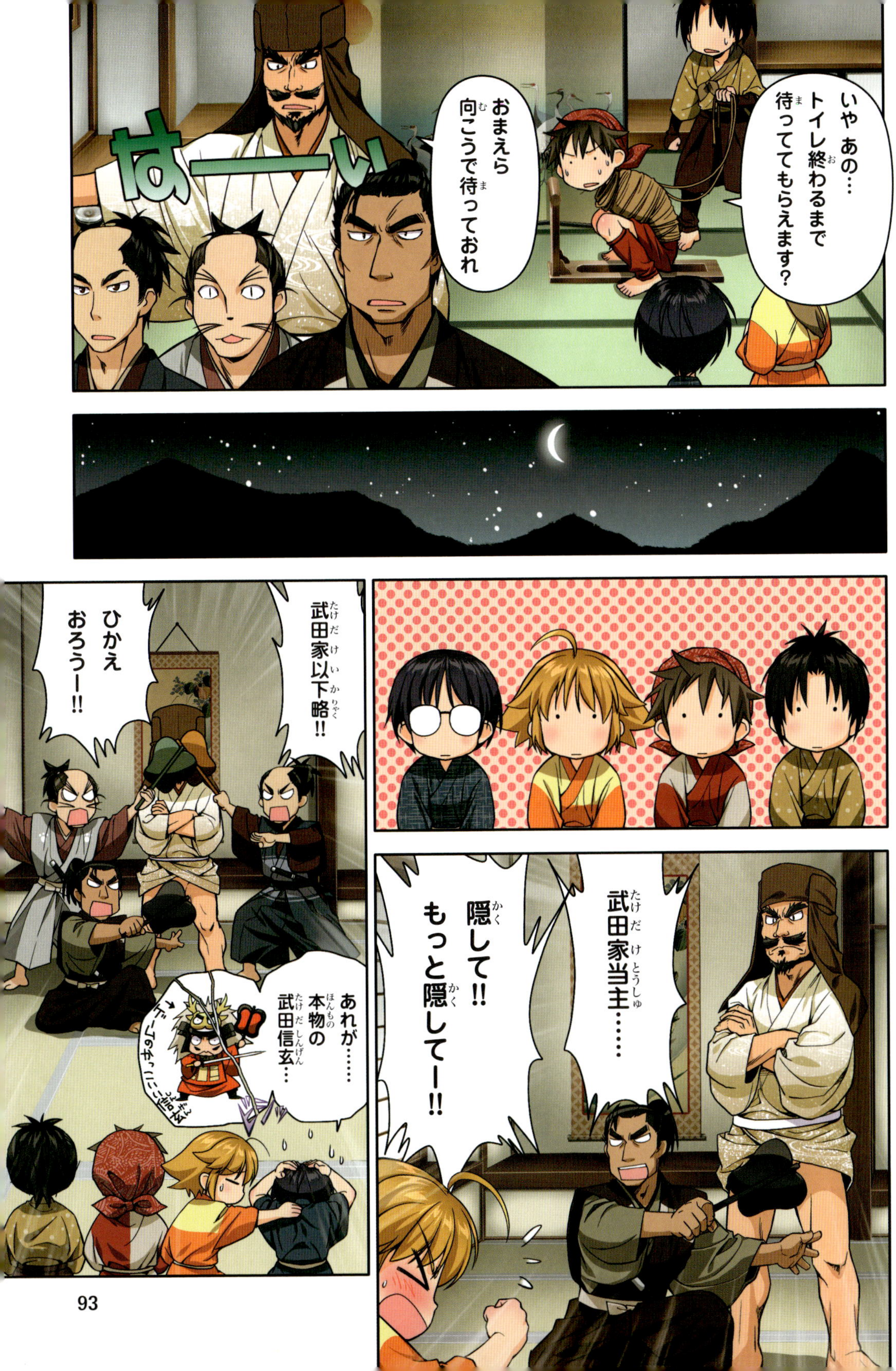
いやあの…トイレ終《お》わるまで待《ま》っててもらえます?
おまえら向《む》こうで待《ま》っておれ
はーーい
武田家当主《たけだけとうしゅ》……
武田家以下略《たけだけいかりゃく》!!
ひかえおろうー!!
あれが……本物《ほんもの》の武田信玄《たけだしんげん》…
→ゲームのかっこいい信玄《しんげん》
隠《かく》して!!
もっと隠《かく》してー!!

ところで
おまえたちは何者《なにもの》だ?
ここに変《か》わった厠《かわや》があるって聞《き》いたのでどうしても見《み》てみたくて……
忍《しの》び込《こ》んですみません
よく入《はい》ってこられたな……
きさまらちゃんと警備《けいび》していたのか?
え?
あはい
いつも通《どお》り……
われわれは万全《ばんぜん》の警備態勢《けいびたいせい》で御屋形様《おやかたさま》をお守《まも》りしていまーす!
バーン

まあよい
で 今見《いまみ》たのが その厠《かわや》だが
はあ……
はっ!
? ? ?
大《おお》きさといい 美《うつく》しさといい 日本一《にほんいち》です
さすがは 戦国一《せんごくいち》の 武田様《たけださま》です
あ〜……
わはは! そうだろう!
ほめてもらいたかったのか……
こんな厠《かわや》を つくれるのは 日本《にほん》でわしだけだ!
この広《ひろ》さ! 豪華《ごうか》さ!
しかも 用《よう》を足《た》した後《あと》 水《みず》で流《なが》すしくみに なっておる!
ほう! 水《みず》が……
それはすごい!!
はあ……

水《みず》で流《なが》すって普通《ふつう》だよな
この時代《じだい》では珍《めずら》しいんじゃない?
確《たし》かに広《ひろ》さは別格《べっかく》です
しんげんさまサイコー!!
信玄様《しんげんさま》の厠《かわや》は時《とき》を飛《と》べるってうわさもあったり……で
それでどうやれば時《とき》を飛《と》べるの?
は?
ははっ
そんなことできるわけないだろ
からぶりか!
ここまできたのに……
ムそっ!

そのうわさを確《たし》かめにきたということか
はい
ぼくたちは時《とき》を飛《と》ぶ方法《ほうほう》を探《さが》して旅《たび》をしているのです
信玄様《しんげんさま》は何《なに》かご存《ぞん》じではありませんか?
うむ……
ただの言《い》い伝《つた》えにすぎんと思《おも》うが知《し》っておる
え?
〝淵《ふち》に住《す》む龍《りゅう》に頼《たの》め〟
………となあ

それって……どういうことですか?
知《し》らん
は?
ただの言《い》い伝《つた》えだと言《い》ったろ
龍《りゅう》が住《す》む渕《ふち》なんかあると思《おも》うか?
ぶーーぶーー
なんだよ それ?
他《ほか》に質問《しつもん》はあるか?
せっかくだから答《こた》えてやるぞ
……
なければ……わしの初恋《はつこい》について話《はな》してやろう
ありまーす! 質問《しつもん》ありまーす!

では……信玄様《しんげんさま》はいつ天下《てんか》を取《と》られるのです？
…………
天下《てんか》は望《のぞ》んで手《て》に入《はい》るものでもなかろう
まずは この国《くに》を豊《ゆた》かにすること それが先決《せんけつ》じゃ
あれっ
なんだ 武田信玄《たけだしんげん》は戦国一《せんごくいち》つえーんだろ？
みんなをどんどんやっつけて天下《てんか》を取《と》っちゃえばいいのに
あのな
わしら戦国大名《せんごくだいみょう》は戦《いくさ》ばかりしているわけではないのだ
そんなことをしていたら人《ひと》の心《こころ》は離《はな》れいずれ国《くに》が滅《ほろ》びる

ふーん
じゃあ 何《なに》やってるの?
いろいろあって
大忙《おおいそが》しだ

川《かわ》が氾濫《はんらん》
しないように
堤防《ていぼう》をつくり
新《あたら》しい田《た》を開《ひら》き
米《こめ》がたくさん
とれるようにする
わしが20年《ねん》かけて
つくった堤防《ていぼう》は
〝信玄堤《しんげんづつみ》〟と呼《よ》ばれて
とても有名《ゆうめい》だぞ

甲斐《かい》は山《やま》が多《おお》いからな 米以外《こめいがい》にも梨《なし》やブドウ 木綿《もめん》などの産業《さんぎょう》も盛《さか》んにする
それから金山《きんざん》の開発《かいはつ》だ 金《きん》は大事《だいじ》な資金《しきん》になるからな

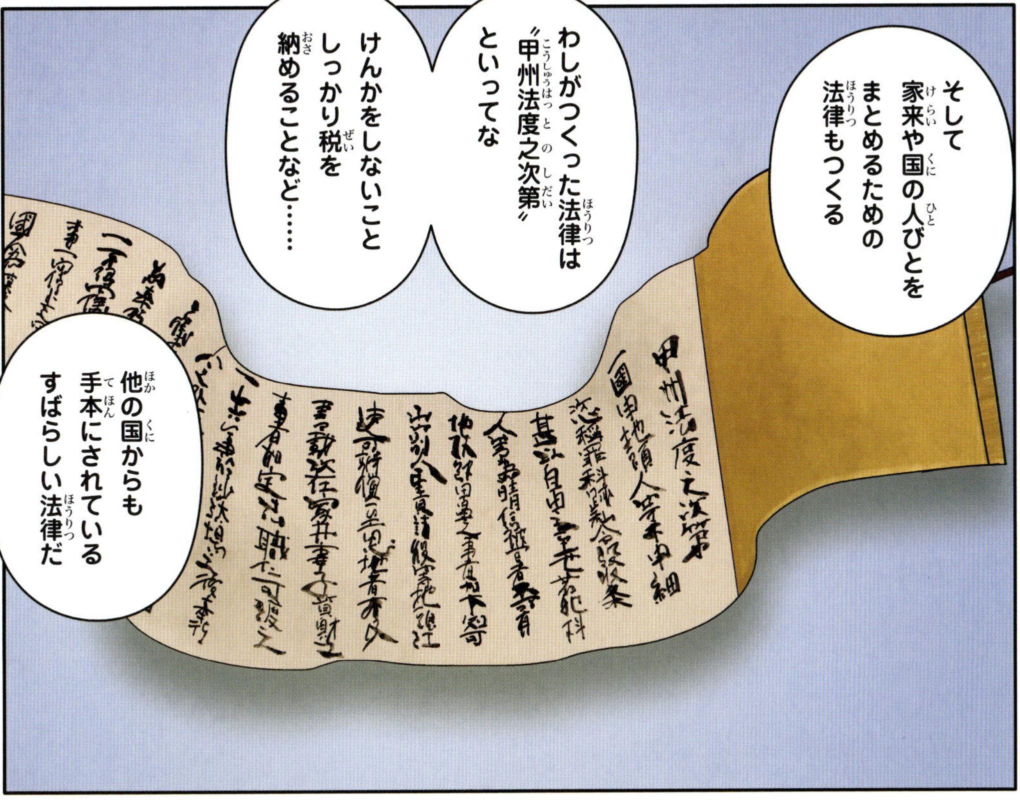
そして家来《けらい》や国《くに》の人《ひと》びとをまとめるための法律《ほうりつ》もつくる
わしがつくった法律《ほうりつ》は“甲州法度之次第《こうしゅうはっとのしだい》”といってな
けんかをしないこと しっかり税《ぜい》を納《おさ》めることなど……
甲州法度之次第
他《ほか》の国《くに》からも手本《てほん》にされているすばらしい法律《ほうりつ》だ

ごあ〜
おまえが聞《き》いたんだろ！
やれやれ
……まあよい今日《きょう》はおしまいだ
もう忍《しの》び込《こ》んでくるなよ次《つぎ》は許《ゆる》さんぞ
誰《だれ》かこの子《こ》らを館《やかた》の外《そと》まで……
ごあ〜〜
今日《きょう》はもう遅《おそ》いどこかの宿《やど》にでも泊《と》まるがよい
館《やかた》に泊《と》めてくんないの？けちー
館《やかた》の中《なか》を探索《たんさく》されたらたまらん！
かわりに一緒《いっしょ》に宿《やど》を探《さが》してやろう
子《こ》どもだけで夜道《よみち》を歩《ある》かせるわけにはいかんしな
わーい
おやかたさま
やさしー

盗賊《とうぞく》にでも襲《おそ》われたらと考《かんが》えると落《お》ち着《つ》かん
!!
ばっ
いいものを着《き》ているなそこの男《おとこ》
あー…っ
おとなしく持《も》ち物《もの》すべて置《お》いていけばよし
さもなくば……
うわさをすれば盗賊《とうぞく》～～～!!

戦国大名《せんごくだいみょう》の仕事《しごと》はたくさん

① 必要《ひつよう》なのは政治力《せいじりょく》！

自分《じぶん》の領地《りょうち》は自分《じぶん》で守《まも》り、また、領地《りょうち》を広《ひろ》げることも考《かんが》えていた戦国大名《せんごくだいみょう》たち。国《くに》の力《ちから》を強《つよ》くするため、さまざまな仕事《しごと》が求《もと》められました。

1 農業《のうぎょう》や商業《しょうぎょう》などを盛《さか》んにして、経済力《けいざいりょく》を高《たか》める
2 強《つよ》い軍隊《ぐんたい》をつくる
3 法律《ほうりつ》（*分国法《ぶんこくほう》）を定《さだ》めて領民《りょうみん》や家来《けらい》を支配《しはい》する

戦国大名《せんごくだいみょう》には、戦《たたか》いでの強《つよ》さだけでなく、政治力《せいじりょく》も必要《ひつよう》でした。

*分国法《ぶんこくほう》＝戦国大名《せんごくだいみょう》が自分《じぶん》の国《くに》を治《おさ》めるために定《さだ》めた法律《ほうりつ》

わしがつくった
分国法《ぶんこくほう》には、
「もし わし自身《じしん》が
法《ほう》を犯《おか》したら
自分《じぶん》も罰《ばつ》を受《う》ける」
と きちんと
書《か》いたぞ

② いろんな都市《とし》ができあがった！

戦国時代《せんごくじだい》には、交通網《こうつうもう》が発達《はったつ》して人《ひと》や品物《しなもの》などが各地《かくち》を行《い》き交《か》い、全国《ぜんこく》に多《おお》くの都市《とし》が発達《はったつ》しました。城《しろ》を中心《ちゅうしん》にした城下町《じょうかまち》（↓86ページ）、寺《てら》や神社《じんじゃ》の参道《さんどう》沿《ぞ》いにできた門前町《もんぜんまち》、港《みなと》を中心《ちゅうしん》にした港町《みなとまち》、寺《てら》のまわりにほりなどをめぐらせ、その寺《てら》を中心《ちゅうしん》にできた寺内町《じないまち》などです。また、堺《さかい》（大阪府《おおさかふ》）は、有力《ゆうりょく》な商人《しょうにん》自身《じしん》が町《まち》を治《おさ》め、商業都市《しょうぎょうとし》として大《おお》いに栄《さか》えました。

堺《さかい》の町並《まちな》みの復元模型《ふくげんもけい》
商店《しょうてん》や家《いえ》がたくさん立《た》ち並《なら》んでいる
堺市博物館蔵

瓦《かわら》の屋根《やね》と
板《いた》の屋根《やね》が
あるのね

戦国時代《せんごくじだい》のキーパーソン 11

甲斐の虎《かいのとら》

武田信玄《たけだしんげん》

★生没年《せいぼつねん》 1521 ～ 1573 年《ねん》

甲斐国《かいのくに》（山梨県《やまなしけん》）の戦国大名《せんごくだいみょう》。武田氏《たけだし》は、鎌倉幕府《かまくらばくふ》を開《ひら》いた 源 頼朝《みなもとのよりとも》と同《おな》じ源氏《げんじ》の一族《いちぞく》。信玄《しんげん》は、戦国最強《せんごくさいきょう》といわれた武田軍《たけだぐん》を率《ひき》いて、信濃国《しなののくに》（長野県《ながのけん》）や駿河国《するがのくに》（静岡県《しずおかけん》）などを支配《しはい》する大大名《だいだいみょう》になった。

武田信玄（晴信）画像（伝）／東京大学史料編纂所所蔵模写

戦国時代《せんごくじだい》のキーパーソン 12

越後の龍《えちごのりゅう》

上杉謙信《うえすぎけんしん》

★生没年《せいぼつねん》 1530 ～ 1578 年《ねん》

越後国《えちごのくに》（新潟県《にいがたけん》）の戦国大名《せんごくだいみょう》。越後国《えちごのくに》の守護代《しゅごだい》（守護《しゅご》の補佐役《ほさやく》）を務《つと》めた長尾氏《ながおし》の出身《しゅっしん》だが、＊関東管領《かんとうかんれい》・上杉氏《うえすぎし》からその職《しょく》と名前《なまえ》を受《う》け継《つ》いだ。武勇《ぶゆう》に優《すぐ》れ、越後《えちご》の龍《りゅう》と呼《よ》ばれた。

東京大学史料編纂所所蔵模写

＊関東管領《かんとうかんれい》＝室町幕府《むろまちばくふ》の地方機関《ちほうきかん》で、東国《とうごく》（関東《かんとう》）を治《おさ》めた鎌倉府《かまくらふ》の重要《じゅうよう》な役職《やくしょく》

もの知《し》りコラム

決着《けっちゃく》つかず！「川中島《かわなかじま》の戦《たたか》い」

武田信玄《たけだしんげん》と上杉謙信《うえすぎけんしん》は戦国最大《せんごくさいだい》のライバルでした。両軍《りょうぐん》は、信濃国《しなののくに》（長野県《ながのけん》）の川中島《かわなかじま》で、1553（天文《てんぶん》22）年《ねん》～1564（永禄《えいろく》7）年《ねん》までの11年間《ねんかん》に計《けい》5回《かい》も戦《たたか》いましたが、結局《けっきょく》、勝敗《しょうはい》はつきませんでした。

◆ ◆ ◆

そのうち、大激戦《だいげきせん》となった4度目《どめ》の戦《たたか》いでは、両軍《りょうぐん》ともに3千人《ぜんにん》以上《いじょう》の戦死者《せんししゃ》が出《で》たといいます。この時《とき》、信玄《しんげん》と謙信《けんしん》は一騎打《いっきう》ちをしたという伝説《でんせつ》もあり、現在《げんざい》、川中島古戦場跡《かわなかじまこせんじょうあと》にはふたりの像《ぞう》が立《た》っています（写真《しゃしん》）。

◆ ◆ ◆

何度《なんど》も戦《たたか》ったふたりですが、信玄《しんげん》がまわりの国《くに》から塩《しお》の補給路《ほきゅうろ》を止《と》められて困《こま》っていた時《とき》、謙信《けんしん》が塩《しお》を送《おく》ったという言《い》い伝《つた》えもあります。

写真：朝日新聞社

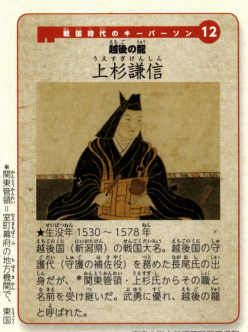

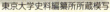

7章《しょう》 盗賊《とうぞく》たちと龍《りゅう》の渕《ふち》

いや……ふんどしはいい
なぜだ!? ふんどしだって高級《こうきゅう》な布《ぬの》を使《つか》ってるんだぞ!
ウンチがついてるからか!!
あっ……よけいいらないです
持《も》ち物《もの》すべてと言《い》っただろうが!!
ぐりぐり
ぎゃあああ!!
これで全部《ぜんぶ》だ子《こ》どもたちを解放《かいほう》しろ
バシッ
はて……そのような約束《やくそく》したかな?
おまえも知《し》っているだろうが
子《こ》どもは高《たか》く売《う》れる
きさま……

わたしたち売《う》りとばされちゃうの!?
いやだよ……家《うち》に帰《かえ》れなくなっちゃう
お父《とう》さんとお母《かあ》さんに会《あ》えなくなっちゃう!
ぬ～～～
ガッ!!
ゴスッ
うわーん信玄様《しんげんさま》ー!!
無茶《むちゃ》するな!!
とってきた!
どーん
あーっ!いつのまに……

ほんと……リュウってば手《て》クセが悪《わる》いんだから
えらいぞ！
めんどくせえやっちまえ!!
おきろー
ドガッ
ぎゃはははははは
ひーー
コチョコチョ
……
御屋形様《おやかたさま》ーっ!!

ドドドドド
御屋形様《おやかたさま》！ご無事《ぶじ》ですか!?
騎馬隊《きばたい》――!! 何《なに》ゆえ!?
館《やかた》から お姿《すがた》が消《き》えたので 御屋形様《おやかたさま》に何《なに》か あったのではと
む…… 黙《だま》って出《で》て いったのは すまなかった
しかし おおげさだぞ
あれは…… 戦国最強《せんごくさいきょう》とウワサの 武田騎馬隊《たけだきばたい》！
じゃあ あいつは 本当《ほんとう》に武田信玄《たけだしんげん》!!
うわあ…
てっきり 調子《ちょうし》こいたおっさんが 子《こ》どもたちに 信玄様《しんげんさま》って 呼《よ》ばせてたのだとばかり……
む？
盗賊《とうぞく》か!? かかれ!!
ドドドドド
パカン パカン
ぎゃあああ
弱《よわ》い者《もの》いじめは やめてー!!
……

龍《りゅう》が住《す》む渕《ふち》？
何度《なんど》か金《きん》を盗《ぬす》みに金山《きんざん》に行《い》った時《とき》見《み》ましたぜ
馬《うま》のひづめあと
本当《ほんとう》!?
このやろう！金山《きんざん》でも悪《わる》いことしてたのか!!
バンバン
あのあのっ！金山《きんざん》に行《い》ってみたいです！
着《つ》いたぞ ここが我《わ》が武田家《たけだけ》自慢《じまん》の金山《きんざん》だ
この穴《あな》の中《なか》？

カーン
カーン
カーン
カーン
カーン
カーン
へー
こうやって
金《きん》を掘《ほ》るのか
金《きん》はな
川《かわ》でとれる砂金《さきん》と
このように
金鉱石《きんこうせき》からとる
ものとがある
甲斐《かい》でつくった
貨幣《かへい》は甲州金《こうしゅうきん》と
呼《よ》ばれていてな
きれーい!
主《おも》に
武器《ぶき》を買《か》ったりする
ための資金《しきん》となる
甲州金《こうしゅうきん》は
わが武田軍《たけだぐん》の
強《つよ》さの秘密《ひみつ》
でもあるな
武田軍《たけだぐん》の
強《つよ》さの秘密《ひみつ》か……
フムフム
盗賊《とうぞく》の
おじさん
龍《りゅう》の淵《ふち》って
どこ?
すぐそこだが
今《いま》はないぞ

……ほらな
この金山《きんざん》には雨《あめ》が降《ふ》ると湧《わ》き水《みず》が出《で》るところがあってな
現《あらわ》れたり消《き》えたりして不思議《ふしぎ》なことから“龍《りゅう》の渕《ふち》”と呼《よ》ばれている
……詳《くわ》しいな
ピク ピク
そらそうだ!どんな場所《ばしょ》かわからんと盗《ぬす》みに入《はい》れないからな!
うはははは
例《たと》えば逃《に》げる場所《ばしょ》の確認《かくにん》!
建物《たてもの》の構造《こうぞう》!
警備《けいび》が手薄《てうす》な時間帯《じかんたい》……
ゴキン
おまえはうちで忍《しの》びをやれ!
え——!!

なんで？悪《わる》いことした盗賊《とうぞく》なのに雇《やと》っちゃうの？
武田《たけだ》の忍《しの》びは“素破《すっぱ》”といって“盗人《ぬすっと》”って意味《いみ》だよ
もともと盗賊《とうぞく》とかを忍《しの》びとして雇《やと》ってるんだ
なんか納得《なっとく》いかないな！この〜っ！
うおおお
わーっ
仕事《しごと》がないから仕方《しかた》なく盗《ぬす》みをやっていたんだろう
しんげん…いや おやかたさま…
その技術《ぎじゅつ》わが国《くに》のために役立《やくだ》てるのだ
ねえ？
わたしも金《きん》掘《ほ》ってみていい？
たくさん出《で》たらちょっと欲《ほ》しいな〜
ごろごろごろごろ
はは
金《きん》はあまりとれないから貴重《きちょう》なのだ
まあ……運《うん》よくたくさんとれたら分《わ》け前《まえ》をやってもよいぞ
やったね！
よし！みんな掘《ほ》ろう
えーっ？

まだ雨《あめ》は降《ふ》ってないし
もしかすると龍《りゅう》だってたくさんの金《きん》を見《み》せたら出《で》てくるかもよ!
この女……
カーン
カーン
カーン
どこに金《きん》があるのかよくわからないな……
そうですね……
絶対《ぜったい》見《み》つけてやる
出《で》てこい金《きん》!

ザァァアァァ
ゴゴゴゴゴゴゴ
ん……？
御屋形様《おやかたさま》ー
そこは特《とく》に
岩《いわ》が崩《くず》れやすいから
気《き》をつけてなー
早《はや》く言《い》え!!
ガラ
ガラ
ガラ
ガラ
いかん!!
崩《くず》れる!!

ガラガラガラ
うわあ！
信玄様《しんげんさま》!!
縄《なわ》だ!!
縄《なわ》を持《も》ってこい!!
龍《りゅう》の渕《ふち》に
水《みず》が湧《わ》いてるわ
行《い》かなきゃ！
シュウウゥゥウゥ
く……
来《く》るな!!
おまえらまで
岩《いわ》の下《した》じきに
なるぞ!!

ばかか
おまえらは……
ほっとけるかよ！
龍《りゅう》の渕《ふち》にも用《よう》があるし！
ガッ
体《からだ》をはさんでる岩《いわ》をどかさないと
んん～
あいたたた!!
ガコッ
どりゃ――っ!!

ガシッ
御屋形様《おやかたさま》！おケガは!?
ない！それよりあいつらが!!
ドドッ
!!
ガラガラ
おまえたち!!
ガラガラ
ガラ
うわあああ～～～!!
ガラ
ゴオオオオオ

戦国時代《せんごくじだい》の幕府《ばくふ》と将軍《しょうぐん》

①将軍《しょうぐん》の力《ちから》を利用《りよう》した織田信長《おだのぶなが》

戦国時代《せんごくじだい》、室町幕府《むろまちばくふ》の力《ちから》は弱《よわ》まったとはいえ、幕府《ばくふ》も将軍《しょうぐん》も存在《そんざい》していました。そして、将軍《しょうぐん》の権威《けんい》を利《り》用《よう》して自分《じぶん》の力《ちから》を伸《の》ばしていったのが織田信長《おだのぶなが》です。

1568（永禄《えいろく》11）年《ねん》、信長《のぶなが》は室町幕府《むろまちばくふ》の13代将《だいしょう》軍《ぐん》・足利義輝《あしかがよしてる》の弟《おとうと》・義昭《よしあき》を保護《ほご》して京《きょう》に入《はい》り、義昭《よしあき》を15代将軍《だいしょうぐん》の座《ざ》につけました。信長《のぶなが》は「将軍《しょうぐん》を保護《ほご》している」という立場《たちば》で、全国《ぜんこく》の大名《だいみょう》たちから一目置《いちもくお》かれる存在《そんざい》となり、天下統一《てんかとういつ》へと動《うご》き出《だ》します。

②信長《のぶなが》の大《だい》ピンチ！ 武田信玄《たけだしんげん》の進軍《しんぐん》

15代将軍《だいしょうぐん》・足利義昭《あしかがよしあき》と織田信長《おだのぶなが》は、やがて対立《たいりつ》するようになりました。信長《のぶなが》は義昭《よしあき》を利用《りよう》するだけで、将軍《しょうぐん》としての実権《じっけん》を与《あた》えなかったからです。

それに反発《はんぱつ》した義昭《よしあき》は、周囲《しゅうい》の大名《だいみょう》たちに「信長《のぶなが》を倒《たお》せ」と呼《よ》びかけました。この呼《よ》びかけに、戦国最《せんごくさい》強《きょう》といわれた武田信玄《たけだしんげん》が動《うご》きます。信玄《しんげん》は京《きょう》を目指《めざ》して進軍《しんぐん》を開始《かいし》。信長《のぶなが》の大《だい》ピンチです。しかし信玄《しんげん》は、遠征《えんせい》の途中《とちゅう》に病気《びょうき》で亡《な》くなり、武田《たけだ》軍《ぐん》は甲斐国《かいのくに》（山梨《やまなし》県《けん》）に戻《もど》っていきました。

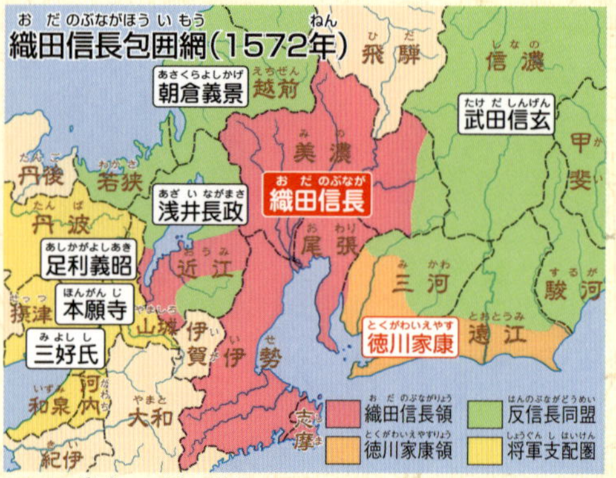
織田信長包囲網《おだのぶながほういもう》(1572年《ねん》)
飛驒《ひだ》
信濃《しなの》
朝倉義景《あさくらよしかげ》
越前《えちぜん》
武田信玄《たけだしんげん》
美濃《みの》
甲斐《かい》
丹後《たんご》
若狭《わかさ》
浅井長政《あざいながまさ》
織田信長《おだのぶなが》
丹波《たんば》
尾張《おわり》
足利義昭《あしかがよしあき》
近江《おうみ》
三河《みかわ》
駿河《するが》
摂津《せっつ》
本願寺《ほんがんじ》
山城《やましろ》
伊賀《いが》
徳川家康《とくがわいえやす》
遠江《とおとうみ》
三好氏《みよしし》
伊勢《いせ》
和泉《いずみ》
河内《かわち》
大和《やまと》
志摩《しま》
紀伊《きい》
織田信長領《おだのぶながりょう》
反信長同盟《はんのぶながどうめい》
徳川家康領《とくがわいえやすりょう》
将軍支配圏《しょうぐんしはいけん》
1573（元亀《げんき》4）年《ねん》、武田《たけだ》信玄《しんげん》の病死《びょうし》により、信長包《のぶながほう》囲網《いもう》は崩《くず》れる

もの知《し》りコラム

織田信長《おだのぶなが》のキーワード「天下布武《てんかふぶ》」

信長《のぶなが》が使《つか》った印章《いんしょう》（はんこ）には、「天下布武《てんかふぶ》」と書《か》かれています。これは「武力《ぶりょく》で天下《てんか》を取《と》る」という意味《いみ》だといわれます。

信長《のぶなが》が京《きょう》に入《はい》る前《まえ》の年《とし》から使《つか》われ始《はじ》めたもので、この時《とき》すでに信長《のぶなが》は、天下統一《てんかとういつ》への強《つよ》い意思《いし》を持《も》っていたという説《せつ》もあります。

「天下布武《てんかふぶ》」の印章《いんしょう》

国立国会図書館HPから

もの知りコラム

とても強《つよ》かった仏教勢力《ぶっきょうせいりょく》

戦国時代《せんごくじだい》の大寺院《だいじいん》は、武力《ぶりょく》を持《も》ち、戦国大名《せんごくだいみょう》と戦《たたか》えるほどの大《おお》きな勢力《せいりょく》でした。有名《ゆうめい》なのは大坂《おおさか》の大坂本願寺《おおさかほんがんじ》（石《いし》山本願寺《やまほんがんじ》）です。

浄土真宗《じょうどしんしゅう》（一向宗《いっこうしゅう》）の大坂本願寺《おおさかほんがんじ》は信長《のぶなが》と対立《たいりつ》し、全国《ぜんこく》の門徒《もんと》（信者《しんじゃ》）に信長《のぶなが》への徹底抗戦《てっていこうせん》を呼《よ》びかけました。これにより、各地《かくち》で一向一揆《いっこういっき》という反抗運動《はんこううんどう》が起《お》き、信長《のぶなが》は大変苦労《たいへんくろう》しました。

◆　◆　◆

信長《のぶなが》と大坂本願寺《おおさかほんがんじ》との戦《たたか》いは11年《ねん》にも及《およ》びましたが、1580（天正《てんしょう》8）年《ねん》、ようやく戦《たたか》いをやめる協定《きょうてい》が結《むす》ばれました。

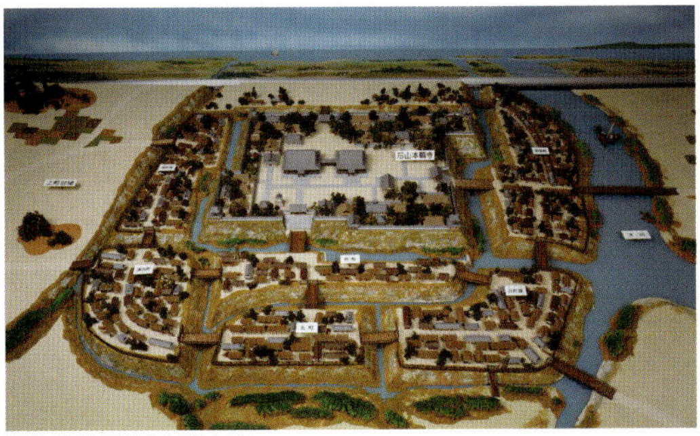

大坂本願寺推定復元模型《おおさかほんがんじすいていふくげんもけい》
寺《てら》の周《まわ》りには信者《しんじゃ》たちが住《す》み、大《おお》きな町《まち》として発達《はったつ》した
真宗大谷派難波別院（南御堂）蔵

③ 室町幕府《むろまちばくふ》、ついに滅《ほろ》びる

最大《さいだい》の敵《てき》・武田信玄《たけだしんげん》の死《し》によってピンチを脱《だっ》した織《お》田信長《だのぶなが》は、周囲《しゅうい》の敵《てき》を次々《つぎつぎ》と倒《たお》していきました。そして1573（元亀《げんき》4）年《ねん》、信長《のぶなが》は15代将軍《だいしょうぐん》・足利義昭《あしかがよしあき》を京《きょう》から追放《ついほう》し、室町幕府《むろまちばくふ》は滅亡《めつぼう》しました。

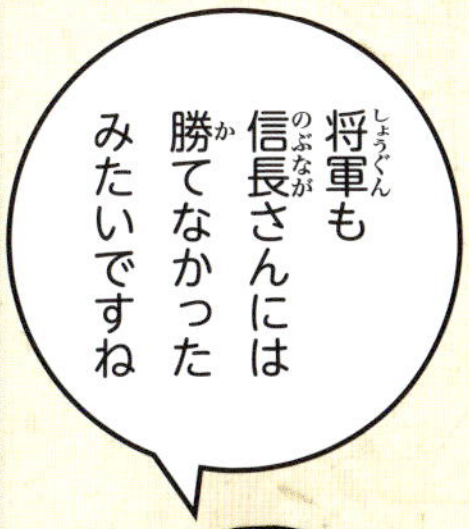
将軍《しょうぐん》も
信長《のぶなが》さんには
勝《か》てなかった
みたいですね

戦国時代《せんごくじだい》のキーパーソン　13

室町幕府最後《むろまちばくふさいご》の将軍《しょうぐん》

足利義昭《あしかがよしあき》

★生没年《せいぼつねん》 1537〜1597年《ねん》
室町幕府《むろまちばくふ》15代将軍《だいしょうぐん》。12代将軍《だいしょうぐん》・足利義晴《あしかがよしはる》の次男《じなん》で、兄《あに》は13代将軍《だいしょうぐん》の義輝《よしてる》。将軍《しょうぐん》の権威《けんい》を復活《ふっかつ》させようと各地《かくち》で活動《かつどう》していたところ、信長《のぶなが》と出会《であ》い、その助《たす》けを得《え》て将《しょう》軍《ぐん》の座《ざ》につくが、信長《のぶなが》によって追放《ついほう》された。

東京大学史料編纂所所蔵模写

8章《しょう》 天下統一《てんかとういつ》は誰《だれ》の手《て》に!?

いっ
いてえな‼
この……
ほっ……
あれ?
藤吉郎《とうきちろう》……さん?
おや?
どこかで会《あ》ったかな?
何《なに》言《い》ってるんだよ
ひげ?
それより
みんなは……?
ジュン!
カノン!
佐助《さすけ》!
う……
う〜ん…
……ひどい目《め》にあったな
助《たす》かったのね
なんとか生《い》きてるようですね……
メガネ
メガネ…
むむ……?
おぬしら……どこかで……

藤吉郎《とうきちろう》さん!
……あ
ああ!
おまえたち……
うわあああ!
無事《ぶじ》だったか!
よかったー!!
よかったー!!
いつの間《ま》に
藤吉郎《とうきちろう》さんのところに
戻《もど》ってきたのかしら?
がば
みんな
甲斐《かい》に向《む》かったん
だったな……
その後《ご》
帰《かえ》ってこず
佐助《さすけ》も行方不明《ゆくえふめい》……
でも
また会《あ》えた!
そういえば
甲斐《かい》で金《きん》を
掘《ほ》ったのよ
金《きん》だと!?
ばっ
どれだけ
とれた!?

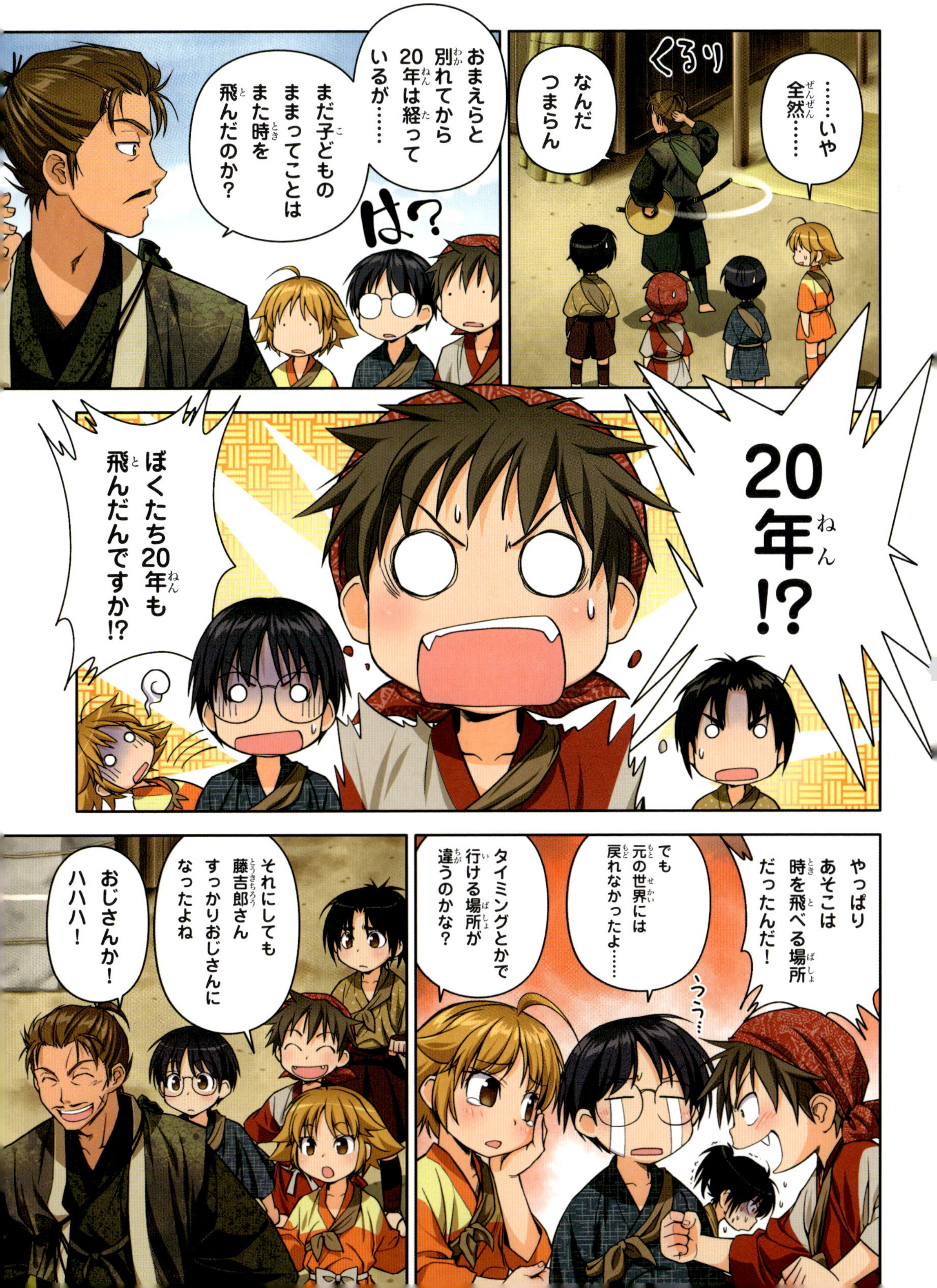
くるり
……いや 全然《ぜんぜん》……
なんだ つまらん
おまえらと 別《わか》れてから 20年《ねん》は経《た》って いるが…… まだ子《こ》どもの ままってことは また時《とき》を 飛《と》んだのか?
は?
20年《ねん》!?
ぼくたち20年《ねん》も 飛《と》んだんですか!?
やっぱり あそこは 時《とき》を飛《と》べる場所《ばしょ》 だったんだ!
でも 元《もと》の世界《せかい》には 戻《もど》れなかったよ……
タイミングとかで 行《い》ける場所《ばしょ》が 違《ちが》うのかな?
うう…
それにしても 藤吉郎《とうきちろう》さん すっかりおじさんに なったよね
おじさんか! ハハハ!

＊長浜《ながはま》＝滋賀県長浜市《しがけんながはまし》

＊安土《あづち》＝滋賀県《しがけん》近江八幡市《おうみはちまんし》安土町《あづちちょう》

信長様《のぶながさま》に従《したが》わない者《もの》もまだ少《すこ》しいるが……
それも時間《じかん》の問題《もんだい》だな
サッ
!?
日本《にほん》を統一《とういつ》して信長様《のぶながさま》が天下人《てんかびと》になられる日《ひ》もそう遠《とお》くはない
武田信玄《たけだしんげん》は……?
病死《びょうし》して その後《ご》武田家《たけだけ》は滅《ほろ》んだよ
え?
そんな……
戦国一《せんごくいち》と呼《よ》ばれた武田《たけだ》が……
当時《とうじ》はな
つまり武田《たけだ》をやっつけた信長様《のぶながさま》が戦国一《せんごくいち》ということだ
信長《のぶなが》が武田家《たけだけ》を滅《ほろ》ぼしたのかっ!?

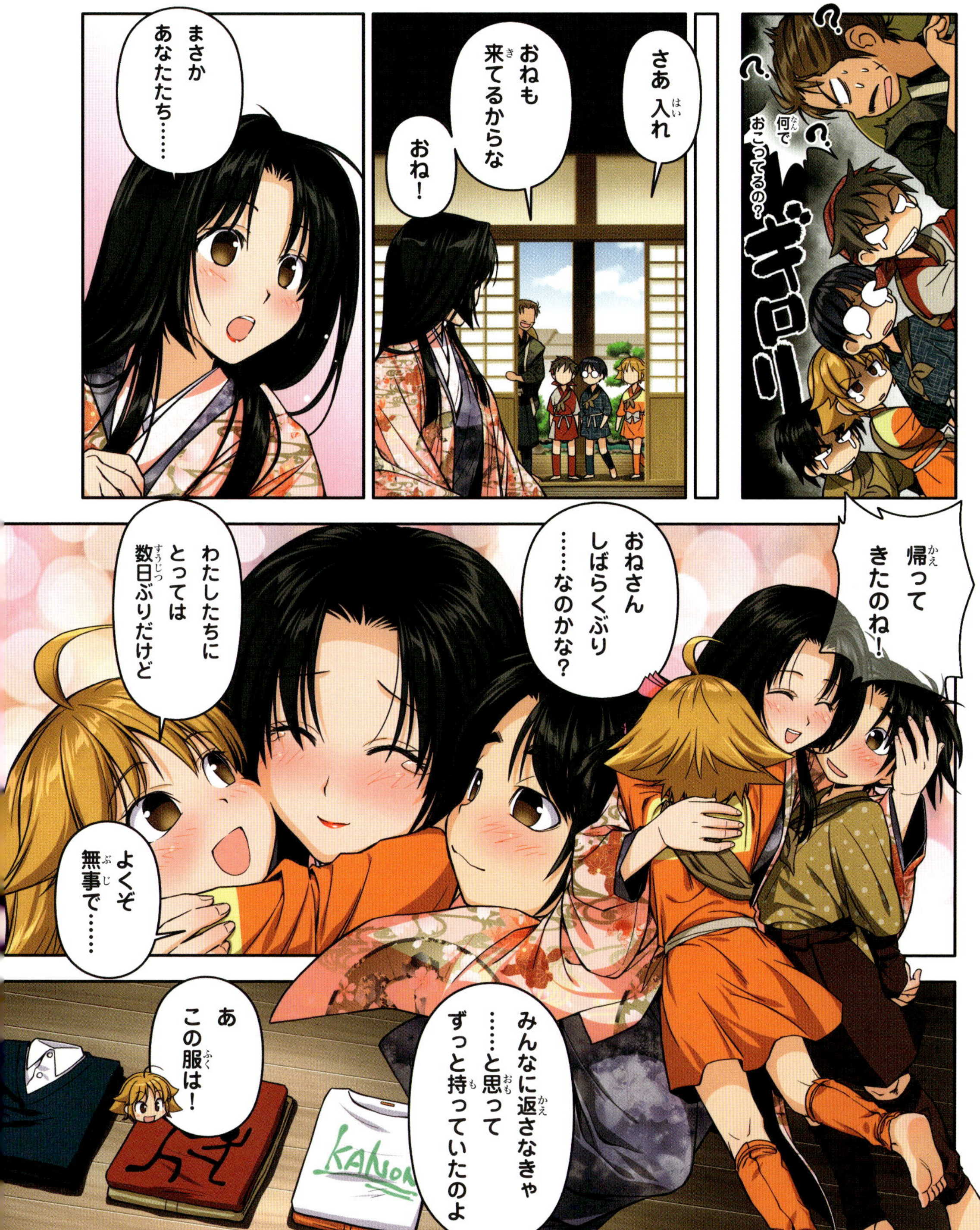
何《なん》でおこってるの?
ギロリ
さあ入《はい》れ
おねも来《き》てるからな
おね!
まさかあなたたち……
帰《かえ》ってきたのね!
おねさんしばらくぶり……なのかな?
わたしたちにとっては数日《すうじつ》ぶりだけど
よくぞ無事《ぶじ》で……
みんなに返《かえ》さなきゃ……と思《おも》ってずっと持《も》っていたのよ
あこの服《ふく》は!
KANON

やっぱ このほうがいいな
ハハハ! よく似合《にあ》うな
さあ メシにしよう!
うわ~!
うんめーっ!
くーっ
ほんと!
今《いま》まで おかゆとか…… そんなのばかりでしたからね……
ふわあああああ
だろう 庶民《しょみん》じゃ 食《た》べられないもの ばかりだぞ
大名《だいみょう》に出世《しゅっせ》して よかったよ

お味噌汁《みそしる》
具《ぐ》がいっぱい入《はい》ってる
ぐ〜〜る
ぐ〜〜る……
ぶはっ
そうか！
なんだ!?
渦《うず》ですよ！龍《りゅう》じゃない！
最初《さいしょ》はトイレの渦《うず》次《つぎ》は渕《ふち》の渦《うず》
タイムワープの鍵《かぎ》は渦《うず》だったんです！

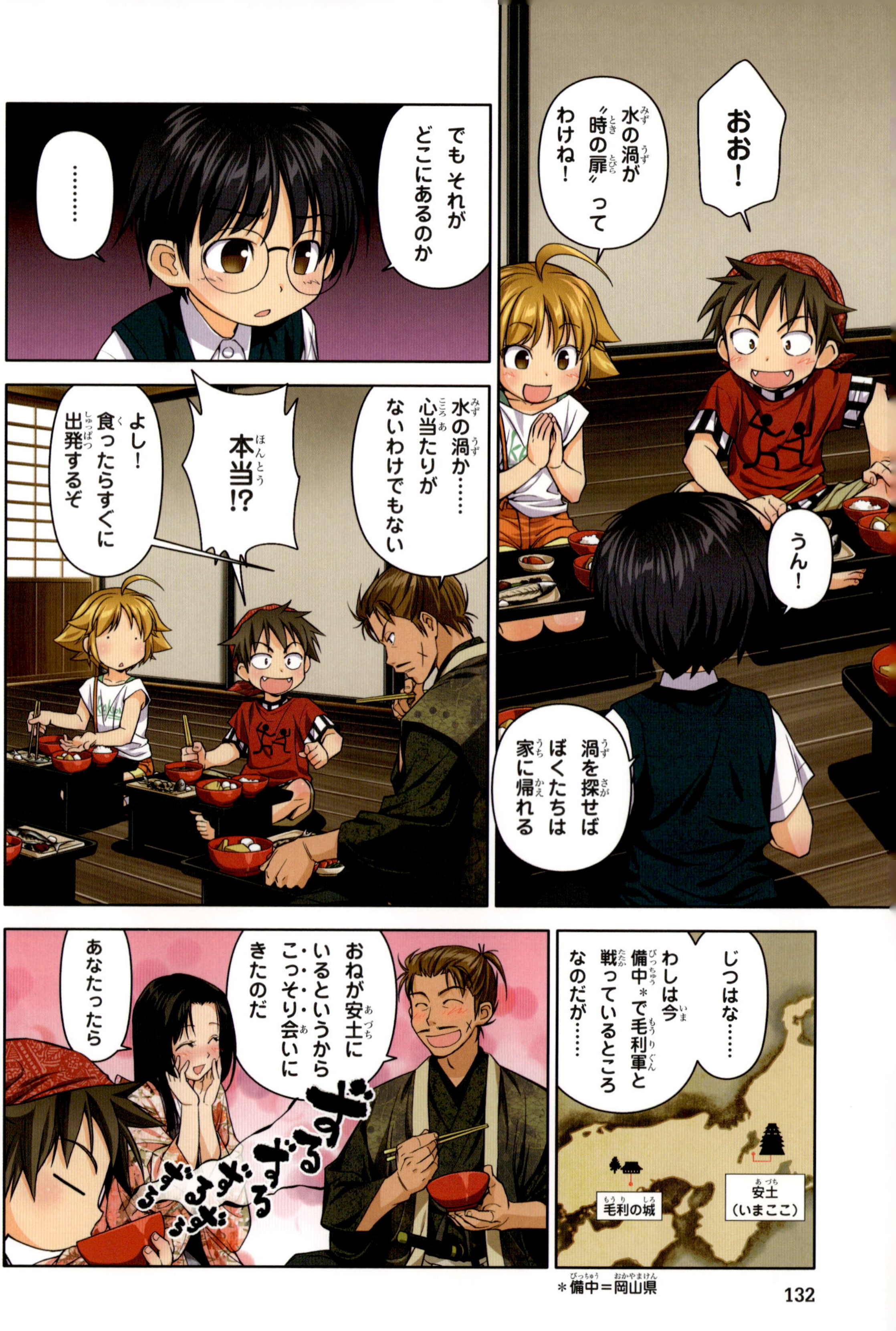
おお！
水《みず》の渦《うず》が〝時《とき》の扉《とびら》〟ってわけね！
うん！
渦《うず》を探《さが》せばぼくたちは家《うち》に帰《かえ》れる
でもそれがどこにあるのか
……
水《みず》の渦《うず》か……心当《こころあ》たりがないわけでもない
本当《ほんとう》!?
よし！食《く》ったらすぐに出発《しゅっぱつ》するぞ
じつはな……わしは今《いま》備中《びっちゅう》＊で毛利軍《もうりぐん》と戦《たたか》っているところなのだが……
毛利《もうり》の城《しろ》
安土《あづち》（いまここ）
おねが安土《あづち》にいるというからこっ・そ・り会《あ》いにきたのだ
あなたったら
ずるずる
ずるずる
ずるずる

＊備中《びっちゅう》＝岡山県《おかやまけん》

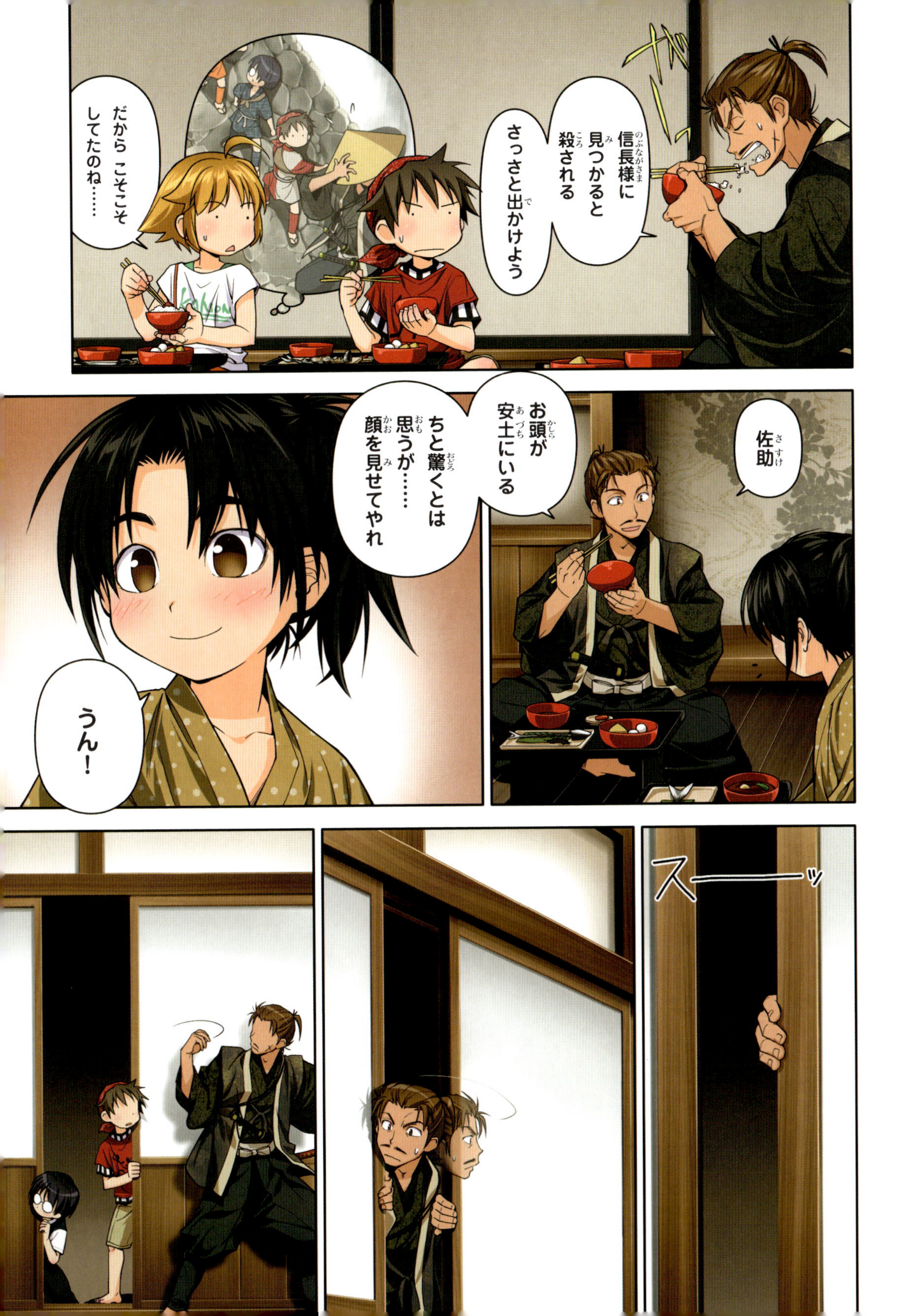

信長様《のぶながさま》に見《み》つかると殺《ころ》される
さっさと出《で》かけよう
だから こそこそしてたのね……
佐助《さすけ》
お頭《かしら》が安土《あづち》にいる
ちと驚《おどろ》くとは思《おも》うが……顔《かお》を見《み》せてやれ
うん!
スーーッ

そろーーーり
こく
こく
こく
声《こえ》を出《だ》すなよ
ほう！秀吉《ひでよし》どのではないか！
ぐっ
こっ……このばか！
声《こえ》がでかいっての……
信長様《のぶながさま》～～～!!
でたー!!
どど～ん
おう！元気《げんき》そうだな
はい……

ドドドドドドドドド
あーっ！おまえらだけ逃《に》げるな！
ずるいぞ！
まってぇええええ
あ……あ……あははは！上様《うえさま》……ご機嫌《きげん》うるわしゅう…
ああ！機嫌《きげん》は上々《じょうじょう》だったぞ！
今《いま》さっきまではな！
なんで備中《びっちゅう》にいるはずのきさまが今《いま》安土《あづち》にいる!?
やべ～……あいかわらずこえ～

戦《たたか》いを変《か》えた鉄砲《てっぽう》と足軽《あしがる》

① 武器《ぶき》の主役《しゅやく》になった「火縄銃《ひなわじゅう》」

戦国時代《せんごくじだい》、「火縄銃《ひなわじゅう》」（鉄砲《てっぽう》）が日本《にほん》に伝《つた》わり、戦《たたか》い方《かた》が大《おお》きく変《か》わりました。

1543（天文《てんぶん》12）年《ねん》、九州南端《きゅうしゅうなんたん》の種子島《たねがしま》（鹿児島県《かごしまけん》）に中国船《ちゅうごくせん》が漂着《ひょうちゃく》し、それに乗《の》っていたポルトガル人《じん》から火縄銃《ひなわじゅう》がもたらされました。種子島《たねがしま》に伝《つた》わったことから、火縄銃《ひなわじゅう》は「種子島《たねがしま》」とも呼《よ》ばれました。

織田信長《おだのぶなが》は、火縄銃《ひなわじゅう》の威力《いりょく》に目《め》をつけて大量《たいりょう》に所有《しょゆう》し、天下統一《てんかとういつ》の戦《たたか》いを進《すす》めていきました。

「火縄銃《ひなわじゅう》」のしくみ

火《ひ》をつけた縄《なわ》で火薬《かやく》に点火《てんか》し、弾《たま》を発射《はっしゃ》したので、「火縄銃《ひなわじゅう》」と呼《よ》びます。

国立歴史民俗博物館蔵

もの知《し》りコラム

鉄砲《てっぽう》の力《ちから》でライバルを打《う》ち破《やぶ》った

「長篠《ながしの》の戦《たたか》い」

1575（天正《てんしょう》3）年《ねん》、織田信長《おだのぶなが》は同盟者《どうめいしゃ》の徳川家康《とくがわいえやす》と、三河国《みかわのくに》（愛知県東部《あいちけんとうぶ》）の長篠《ながしの》で、ライバルの武田軍《たけだぐん》と対決《たいけつ》しました。武田軍《たけだぐん》を指揮《しき》したのは武田信玄《たけだしんげん》の後《あと》を継《つ》いだ、息子《むすこ》の勝頼《かつより》です。

◆◆◆

この時《とき》、信長軍《のぶながぐん》は1千《せん》丁以上《ちょういじょう》の大量《たいりょう》の鉄砲《てっぽう》を用《もち》いて、戦国最強《せんごくさいきょう》と名高《なだか》い武田軍《たけだぐん》を打《う》ち破《やぶ》りました。この戦《たたか》いに敗《やぶ》れた武田氏《たけだし》は、その後《ご》、勢《いきお》いを失《うしな》い、1582（天正《てんしょう》10）年《ねん》に滅《ほろ》ぼされました。

「長篠合戦図屏風《ながしのかっせんずびょうぶ》」から
武田軍《たけだぐん》（右端《みぎはし》）を待《ま》ち構《かま》えて鉄砲《てっぽう》を撃《う》つ足軽《あしがる》たちや、馬《うま》に乗《の》った武将《ぶしょう》が見《み》える

大阪城天守閣蔵

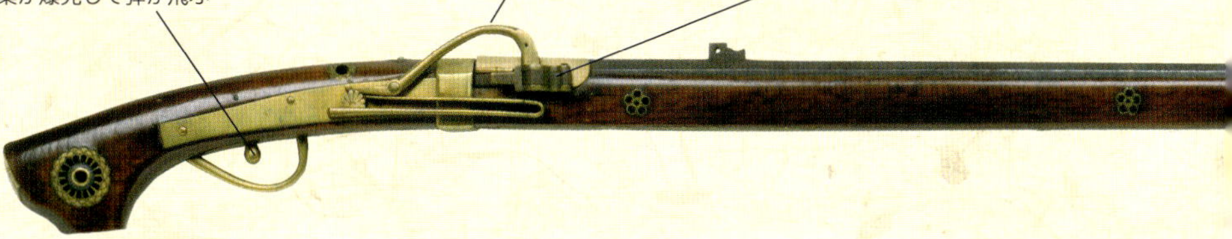
引《ひ》き金《がね》
引《ひ》き金《がね》を引《ひ》くと、火《ひ》ばさみが下《お》りて、火皿《ひざら》の点火薬《てんかやく》に火《ひ》がつき、銃身《じゅうしん》の中《なか》の火薬《かやく》が爆発《ばくはつ》して弾《たま》が飛《と》ぶ
火《ひ》ばさみ
火《ひ》のついた縄《なわ》を固定《こてい》するところ
火皿《ひざら》
点火薬《てんかやく》を入《い》れるところ

もの知《し》りコラム

日本《にほん》で鉄砲《てっぽう》をつくったのは刀鍛冶《かたなかじ》

鉄砲《てっぽう》が日本《にほん》に伝《つた》わってから、1年後《ねんご》には種子島《たねがしま》で国産《こくさん》の鉄砲《てっぽう》がつくられるようになりました。鉄砲《てっぽう》をつくったのは、それまで刀《かたな》をつくっていた刀《かたな》鍛冶《かじ》です。

鉄砲《てっぽう》づくりは堺《さかい》（大阪府《おおさかふ》）、国友《くにとも》（滋賀県《しがけん》）、根来《ねごろ》（和歌山県《わかやまけん》）など、日本《にほん》の各地《かくち》へ広《ひろ》まっていきました。

② 武将《ぶしょう》の力《ちから》より、足軽《あしがる》の力《ちから》！

古《ふる》い時代《じだい》の日本《にほん》では、お互《たが》いに勇猛《ゆうもう》な武将《ぶしょう》が名乗《なの》りを上《あ》げて、一騎打《いっきう》ちするような戦《たたか》い方《かた》が行《おこな》われていましたが、戦国時代《せんごくじだい》になると集団戦《しゅうだんせん》が基本《きほん》となりました。鉄砲《てっぽう》や弓矢《ゆみや》、槍《やり》などを装備《そうび》した足軽《あしがる》が歩兵部隊《ほへいぶたい》を組《く》み、武将《ぶしょう》の指揮《しき》のもと最前線《さいぜんせん》で敵《てき》と戦《たたか》うのです。

もともと足軽《あしがる》というのは、農民《のうみん》が一時的《いちじてき》に、兵士《へいし》として戦場《せんじょう》に出《で》ていたものですが、戦国時代《せんごくじだい》には、戦《たたか》うことだけを専門《せんもん》とする足軽《あしがる》が組織《そしき》されていきました。

戦国武将《せんごくぶしょう》と足軽《あしがる》の模型《もけい》

足軽《あしがる》には、武器《ぶき》を持《も》って戦《たたか》う人《ひと》の他《ほか》に、旗《はた》や馬印《うまじるし》（大将《たいしょう》の居場所《いばしょ》を示《しめ》す印《しるし》）を持《も》つ係《かかり》などもいました。

横浜市歴史博物館蔵

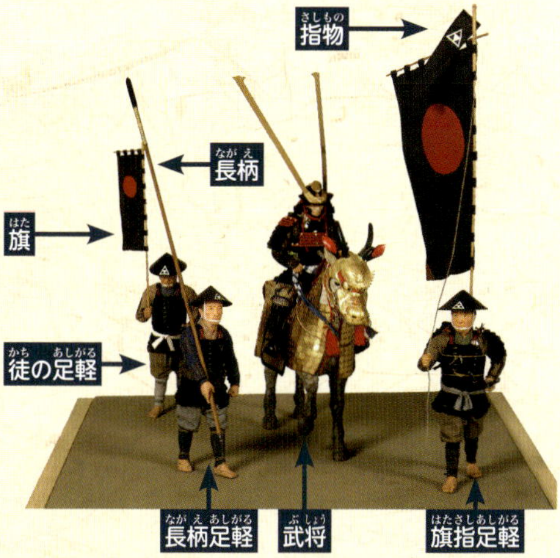
指物《さしもの》
長柄《ながえ》
旗《はた》
徒《かち》の足軽《あしがる》
長柄足軽《ながえあしがる》
武将《ぶしょう》
旗指足軽《はたさしあしがる》

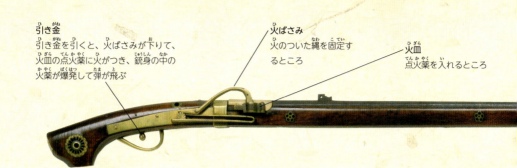

9章《しょう》
信長《のぶなが》・秀吉《ひでよし》・家康《いえやす》
有名人勢《ゆうめいじんせい》ぞろい！

＊茶器《ちゃき》＝抹茶《まっちゃ》を入《い》れる容器《ようき》など、茶《ちゃ》の湯《ゆ》の道具《どうぐ》

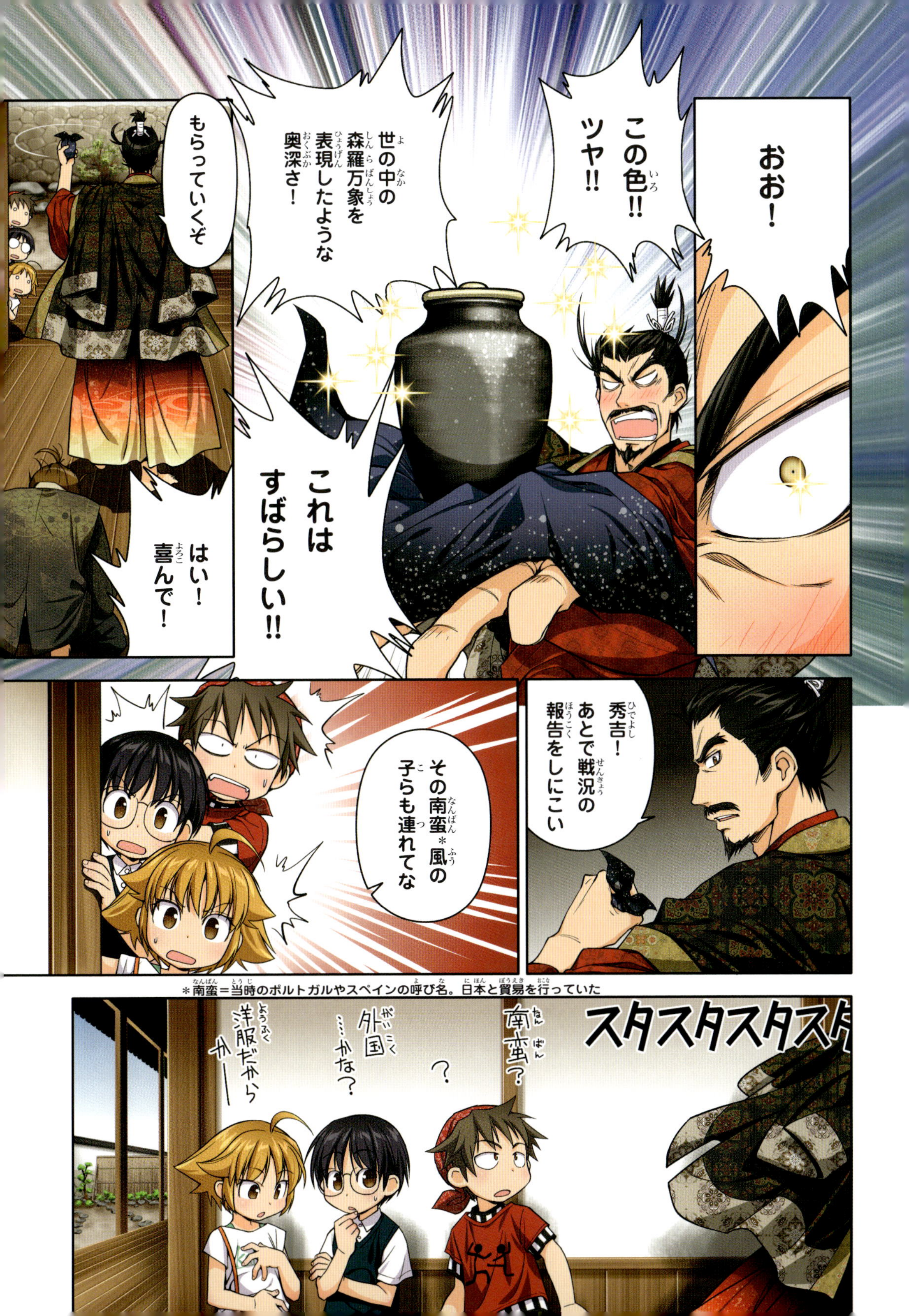
おお！
この色《いろ》!! ツヤ!!
世《よ》の中《なか》の森羅万象《しんらばんしょう》を表現《ひょうげん》したような奥深《おくぶか》さ！
これはすばらしい!!
もらっていくぞ
はい！喜《よろこ》んで！
秀吉《ひでよし》！あとで戦況《せんきょう》の報告《ほうこく》をしにこい
その南蛮《なんばん》＊風《ふう》の子《こ》らも連《つ》れてな
スタスタスタスタ
南蛮《なんばん》？
？
外国《がいこく》……かな？
洋服《ようふく》だからかー

＊南蛮《なんばん》＝当時《とうじ》のポルトガルやスペインの呼《よ》び名《な》。日本《にほん》と貿易《ぼうえき》を行《おこな》っていた

助《たす》かったよ〜
おね〜…
信長《のぶなが》さまに殺《ころ》されるかとおもった…
信長様《のぶながさま》は大《だい》の茶器好《ちゃきず》きですから
主人《しゅじん》の上司《じょうし》の好《この》みを知《し》っておくのも妻《つま》のつとめです
ところであの茶器《ちゃき》はどうしたのだ？
わたしが買《か》ったのよ
えへん！
ばん
ばん
おねさんのほうが一枚上手《いちまいうわて》ね
スー
上様《うえさま》秀吉《ひでよし》にございます

わ!
ぬっ
ははは!
驚《おどろ》いたか?
おれが取《と》り立《た》てた
弥助《やすけ》という者《もの》だ
信長《のぶなが》さんに
黒人《こくじん》の家来《けらい》が
いたのね
どこから来《き》たの?
アフリカ
デス
日本語《にほんご》
話《はな》せるんですね
で……
でかいなあ
ぐぐぐ……
オマエ
ガ
チイサイ
ノダ
………
いいから
入《はい》れ

弥助《やすけ》はな南蛮《なんばん》のキリスト教《きょう》の宣教師《せんきょうし》たちと一緒《いっしょ》に日本《にほん》に来《き》たのだ
キリスト教《きょう》は今《いま》京《きょう》の都《みやこ》や九州《きゅうしゅう》などで流行《りゅうこう》しておる
おまえたちも南蛮風《なんばんふう》の格好《かっこう》だがどこから来《き》た?
適当《てきとう》に合《あ》わせろポルトガルとか……
え?あ……えと
ポルトガルです
ポルトガル……
いいから!
ポルトガルでは「こんにちは」を「ネコダイスキ」といいます
ネコ
ダイスキ
ネコダイスキ
へー
…
信《しん》じないでください!
……ふん
流《なが》された

おれは南蛮《なんばん》の文化《ぶんか》に興味《きょうみ》があってな
ここにも南蛮《なんばん》のものがいろいろあるが……
この部屋《へや》きんピカだー
その中《なか》でも
〝こいつ〟は大《おお》きな発見《はっけん》だった
信長様《のぶながさま》の強《つよ》さの秘密《ひみつ》だよ
鉄砲《てっぽう》を大量《たいりょう》に用《もち》いて敵《てき》をやっつける
信長様《のぶながさま》はそれまでの戦《たたか》い方《かた》を大《おお》きく変《か》えられたのだ
もしかして武田家《たけだけ》を倒《たお》したのも鉄砲《てっぽう》で……？
まあなもちろん鉄砲《てっぽう》だけで勝《か》ったのではないがな

ガーーーッ
それにしても……世界《せかい》は広《ひろ》い
この地球儀《ちきゅうぎ》を見《み》よ
たったこれっぽっちの日本《にほん》を取《と》り合《あ》って
いまだに争《あらそ》い合《あ》っているとはばからしい
おっしゃる通《とお》りです
しかし上様《うえさま》はもうすぐこの日本《にほん》を統一《とういつ》されます
おうよ！
秀吉《ひでよし》毛利攻《もうりぜ》めは着々《ちゃくちゃく》と進《すす》んでいるだろうな
もちろんでございます！
ばん
ただできましたら上様《うえさま》のお力《ちから》も少《すこ》しお借《か》りできれば……なんて
何《なに》？

あ！
いえいえ！
決《けっ》して苦戦《くせん》しているわけではありません
あの その
最後《さいご》の最後《さいご》上様《うえさま》の援軍《えんぐん》をドーンと出《だ》していただければ毛利《もうり》も降参《こうさん》しやすいかと……
あは あはは
苦戦《くせん》してるんでしょ？
少《すこ》しだけだ
やれやれ…
まあ援軍《えんぐん》の件《けん》は考《かん》えておこう
上様《うえさま》明智光秀《あけちみつひで》でございます
徳川家康《とくがわいえやす》どのをお連《つ》れしました
おう！入《はい》れ
明智光秀《あけちみつひで》

家康《いえやす》……！
確《たし》か 家康《いえやす》も つえーよな！
ひっさつ イエヤスガマン!!
戦闘力《せんとうりょく》9千《せん》8百《ぴゃく》
うわあぁぁ
有名人《ゆうめいじん》ぞろいに なってきたね
家康《いえやす》どの よくぞ参《まい》られた
ネコダイスキ！
今《いま》なんと？
信長《のぶなが》学習《がくしゅう》してた！
信長様《のぶながさま》の安土城《あづちじょう》は
さすが天下人《てんかびと》の 城《しろ》でございますな
ははは 天下人《てんかびと》とは まだ早《はや》い
これからも この信長《のぶなが》との同盟《どうめい》 よろしく頼《たの》みますぞ
もちろんで ございます
徳川家康《とくがわいえやす》
家康《いえやす》どのは 信長様《のぶながさま》の力強《ちからづよ》い お味方《みかた》なのだ
すごい！ 歴史《れきし》の有名人《ゆうめいじん》 ばかりですね
みんな 知《し》り合《あ》いなのか

はーい！
質問《しつもん》！
みんな
すげー
有名人《ゆうめいじん》だけど
天下《てんか》を狙《ねら》っているのは
信長様《のぶながさま》だけなの？
ばっ……ばか！
なんだいきなり！
ゴス
天下《てんか》は
信長様《のぶながさま》のもの
誰《だれ》も狙《ねら》ってなど
いませんよ
そうだ 光秀《みつひで》
秀吉《ひでよし》の援軍《えんぐん》に出《で》よ
こやつ
苦戦《くせん》しておる
そうでな
はっ
よし！ では
秀吉《ひでよし》は毛利《もうり》攻《ぜ》めに
急《いそ》ぎ戻《もど》れ！
はっ！

いや〜
今日《きょう》は信長様《のぶながさま》の機嫌《きげん》がよくてよかったな〜
あはは
思《おも》いっきり殴《なぐ》られてたけどね
みんな
紹介《しょうかい》が遅《おく》れたが明智光秀《あけちみつひで》どのだ
わしと同《おな》じ信長様《のぶながさま》の家来《けらい》だがわしとは頭《あたま》のできがぜんぜん違《ちが》う
信長様《のぶながさま》の信頼《しんらい》も厚《あつ》いお方《かた》だ
ごあいさつを
えーと……
こんにちは!
こんにちは

秀吉《ひでよし》どの では ここで 失礼《しつれい》します
え……?
何《なに》? 今《いま》の顔《かお》……

南蛮貿易《なんばんぼうえき》とキリスト教《きょう》の広《ひろ》がり

① ヨーロッパ商人《しょうにん》との貿易《ぼうえき》が盛《さか》んになった

種子島《たねがしま》にポルトガル人《じん》がやってきたことをきっかけに、その後《ご》、ポルトガルやスペインの商人《しょうにん》などが多《おお》く日本《にほん》に来《く》るようになりました。彼《かれ》らは南蛮人《なんばんじん》と呼《よ》ばれました。また、南蛮人《なんばんじん》の乗《の》る船《ふね》は南蛮船《なんばんせん》、彼《かれ》らとの貿易《ぼうえき》を南蛮貿易《なんばんぼうえき》といいました。

南蛮船《なんばんせん》の模型《もけい》
ポルトガル人《じん》が乗《の》っていた
臼杵市蔵

もの知《し》りコラム

南蛮貿易《なんばんぼうえき》は珍《めずら》しいものがいっぱい！

南蛮船《なんばんせん》で日本《にほん》にもたらされる主《おも》な輸入品《ゆにゅうひん》は、中国《ちゅうごく》から仕《し》入《い》れた生糸《きいと》や絹《きぬ》で、日本《にほん》からは主《おも》に銀《ぎん》が輸出《ゆしゅつ》されました。その他《ほか》、日本人《にほんじん》が見《み》たこともなかった珍《めずら》しいものもたくさん輸入《ゆにゅう》されました。ゾウやトラ、クジャクなどの生《い》き物《もの》、地球儀《ちきゅうぎ》や時計《とけい》、望《ぼう》遠鏡《えんきょう》、鉛筆《えんぴつ》などが入《はい》ってきて、大名《だいみょう》への贈《おく》り物《もの》としても人気《にんき》でした。

カステラ、パン、ボタンなどは、南蛮人《なんばんじん》の言葉《ことば》のまま日本《にほん》に広《ひろ》まった

もの知《し》りコラム

大航海時代《だいこうかいじだい》が始《はじ》まった！

15世紀《せいき》の中頃《なかごろ》以降《いこう》、ヨーロッパの国々《くにぐに》では、新《あたら》しい貿易路《ぼうえきろ》の開拓《かいたく》やキリスト教《きょう》の布教《ふきょう》のために、盛《さか》んに海外《かいがい》に進出《しんしゅつ》し、アジアにもやってきていました。この頃《ころ》のことを「大航海時代《だいこうかいじだい》」と呼《よ》んでいます。

②キリスト教《きょう》が日本《にほん》に広《ひろ》まった

ポルトガルやスペインからは、商人《しょうにん》だけでなく、キリスト教《きょう》の宣教師《せんきょうし》たちも多《おお》く日本《にほん》にやってきました。1549（天文《てんぶん》18）年《ねん》にフランシスコ・ザビエルによって伝《つた》えられたキリスト教《きょう》は、九州《きゅうしゅう》から西日本《にしにほん》を中心《ちゅうしん》に広《ひろ》まっていき、信者《しんじゃ》の数《かず》は30年《ねん》ほどで15万人《まんにん》に達《たっ》したといいます。また、キリスト教《きょう》を信仰《しんこう》する戦国大名《せんごくだいみょう》も現《あらわ》れました。彼《かれ》らはキリシタン大名《だいみょう》と呼《よ》ばれます。織田信長《おだのぶなが》もキリスト教《きょう》を保護《ほご》し、安土《あづち》（滋賀《しが》県《けん》）の町《まち》には、教会《きょうかい》やセミナリオ（キリスト教《きょう》の学《がっ》校《こう》）も建《た》てられました。

「都《みやこ》の南蛮寺図《なんばんじず》」狩野宗秀《かのうそうしゅう》画《が》
京《きょう》のイエズス会《かい》の聖堂《せいどう》（中央《ちゅうおう》）が描《えが》かれている。南蛮貿易《なんばんぼうえき》は、キリスト教《きょう》の布教《ふきょう》を認《みと》めることが条件《じょうけん》だったため、多《おお》くの大名《だいみょう》が自分《じぶん》の領地《りょうち》での布教《ふきょう》を許可《きょか》し、貿易《ぼうえき》で富《とみ》を得《え》た
神戸市立博物館蔵
Photo : Kobe City Museum/DNPartcom

戦国時代《せんごくじだい》のキーパーソン 14

日本《にほん》にキリスト教《きょう》を広《ひろ》めた

フランシスコ・ザビエル

★生没年《せいぼつねん》1506～1552年《ねん》
日本《にほん》に初《はじ》めてキリスト教《きょう》を伝《つた》えたイエズス会《かい》の宣教師《せんきょうし》。キリスト教《きょう》をアジアに広《ひろ》めるため、インドやマラッカ（マレーシア）を経《へ》て、1549年《ねん》、鹿児島県《かごしまけん》に上陸《じょうりく》。平戸《ひらど》（長崎県《ながさきけん》）や山口《やまぐち》（山口県《やまぐちけん》）などで布教《ふきょう》をした。

神戸市立博物館蔵
Photo : Kobe City Museum/DNPartcom

戦国時代《せんごくじだい》のキーパーソン 15

九州《きゅうしゅう》のキリシタン大名《だいみょう》

大友宗麟《おおともそうりん》

★生没年《せいぼつねん》1530～1587年《ねん》
豊後国《ぶんごのくに》（大分県《おおいたけん》）の戦国大名《せんごくだいみょう》。1578年《ねん》、キリスト教《きょう》の洗礼《せんれい》を受《う》けてキリシタン大名《だいみょう》となった。他《ほか》のキリシタン大名《だいみょう》とともに、4人《にん》の少年《しょうねん》をローマ教皇《きょうこう》のもとに派遣《はけん》した（天正遣欧使節《てんしょうけんおうしせつ》）。

写真：朝日新聞社

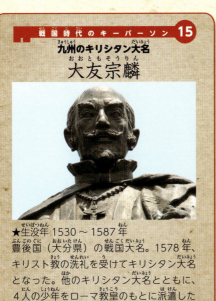

水攻《みずぜ》めはわしの得意《とくい》な作戦《さくせん》だ

10章《しょう》 時《とき》の扉《とびら》はどこにある!?

ではおね行《い》ってくる
お気《き》をつけて
ていっていっ
みんなも元気《げんき》でね
ガン
ガン
水《みず》の渦《うず》に心当《こころあ》たりがあるって言《い》ってましたけど
ああ
わしが今《いま》攻《せ》めている毛利方《もうりがた》の城《しろ》が備中《びっちゅう》の高松城《たかまつじょう》といってな

なかなかしぶといので水攻《みずぜ》めをさせたのだ
水攻《みずぜ》め？
近《ちか》くの川《かわ》をせきとめて一気《いっき》に流《なが》し城《しろ》の周《まわ》りを水没《すいぼつ》させて敵《てき》を身動《みうご》きできなくさせる作戦《さくせん》だ
見《み》ろあれが高松城《たかまつじょう》だ
いかにも〝時《とき》の扉《とびら》〟が出《で》てきそうな気《き》がするだろ？
今《いま》は……なさそうですね
気長《きなが》に待《ま》つしかないのかな……
なんだよチェーッ！

秀吉様《ひでよしさま》
無事《ぶじ》お戻《もど》りで
留守中《るすちゅう》
ご苦労《くろう》だった
どうだ
敵《てき》の様子《ようす》は?
じき食糧《しょくりょう》も
なくなるはず
敵《てき》の降伏《こうふく》も
近《ちか》いでしょう
そりゃよかった
飯《めし》でも食《く》いながら
詳《くわ》しく聞《き》こう
わーい!
飯《めし》だ
飯《めし》だ!
殿《との》!
京《きょう》より早馬《はやうま》にて
急《いそ》ぎのお知《し》らせとの
ことです!
うむ ご苦労《くろう》

どたどたどたどたどた
おい！こぼすなよ
パラ…
ぐっ……
げほっ！げほっ！
あーっ きったねえ！
おれらにこぼすなって言《い》っておいて……
やだーっ
大丈夫《だいじょうぶ》ですか？
信長様《のぶながさま》が……
信長様《のぶながさま》が……亡《な》くなられた……

え?
うそ?
明智光秀《あけちみつひで》の裏切《うらぎ》りだ……
京《きょう》の本能寺《ほんのうじ》にいたところを明智軍《あけちぐん》に襲《おそ》われた
明智《あけち》さんが……
ああ……信長様《のぶながさま》……
うわあああああ
秀吉様《ひでよしさま》

毛利《もうり》とは休戦《きゅうせん》します
京《きょう》へお急《いそ》ぎください
上様《うえさま》の敵討《かたきう》ちを！
みんな すまんが時《とき》の扉探《とびらさが》しはまた今度《こんど》だ
しかたないよ早《はや》く行《い》こう！
信長《のぶなが》さんの敵討《かたきう》ちするんだろ
天下《てんか》の一大事《いちだいじ》だ！
みなへ告《つ》ぐ！
京《きょう》まで休《やす》まず突《つ》っ走《ぱし》れ!!

秀吉様《ひでよしさま》
明智《あけち》の軍勢《ぐんぜい》およそ1万《まん》3千《ぜん》です
佐助《さすけ》ご苦労《くろう》だった
さっき明智《あけち》の陣《じん》を見《み》にいった時《とき》川《かわ》に不自然《ふしぜん》な渦《うず》ができてたんだ!
ひょっとして……
よっしゃ!! 手裏剣《しゅりけん》マスターしたぞ
みんな!

時《とき》の扉《とびら》だよ！
よし！
行《い》こう！
今度《こんど》こそ帰《かえ》るぞ！
だめだ!!
川《かわ》のあたりは
戦《いくさ》のどまん中《なか》だ！
危険《きけん》すぎる！
……と
言《い》いたいが
おまえらのことだから
止《と》めたって
行《い》くんだろうな
わかった！
わしもこれから
戦《いくさ》に出《で》る！
援護《えんご》してやるよ
秀吉《ひでよし》さん！

行《い》くぞ!!
……って ここを……
この戦《いくさ》の中《なか》に 突《つ》っ込《こ》むのか……
い…… 行《い》くっきゃ ねーだろ!!

すげ……
むかしはヘタレだったのに……
しまった！取《と》りこぼした

でええい!!
カカカカ
や……
やった!
上達《じょうたつ》したね!
ぼふっ
わーーっ
パラ
パラ
うぁー
いてて
やるな
みんな!

キリキリ
キリ
リュウ！危《あぶ》ない！
大丈夫《だいじょうぶ》！
ぼくもきみたちを守《まも》る！
見《み》えたよ！
あの川《かわ》だ！
あれか！
秀吉《ひでよし》さん！

行《い》け！みんな！

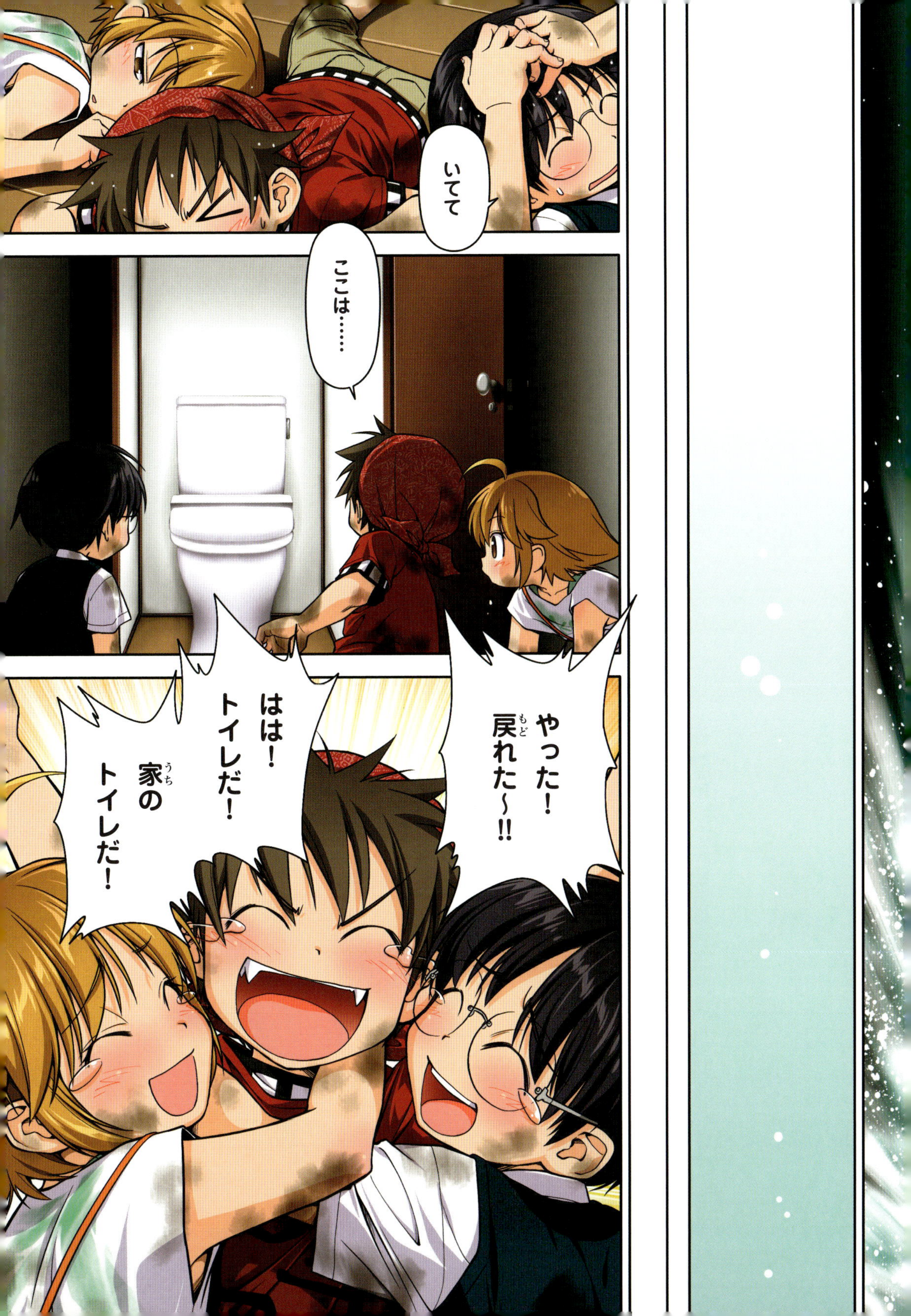
いてて
ここは……
やった！戻《もど》れた～!!
はは！トイレだ！
家《うち》のトイレだ！

ジュン あった?
うん 持《も》ってきたよ 歴史《れきし》の本《ほん》
あの後《あと》 どうなったの かな……
山崎《やまざき》の戦《たたか》いで…… 秀吉軍《ひでよしぐん》は明智軍《あけちぐん》を 打《う》ち破《やぶ》り……
勝《か》ったのね
よっしゃ!
その後《ご》 秀吉《ひでよし》は 信長《のぶなが》に代《か》わって 天下統一《てんかとういつ》を 目指《めざ》した
うん
で?
キィ….

そして
ライバルの
徳川家康《とくがわいえやす》を
従《したが》えて……
?
?
キョロ
?
キョロ
おう!
おまえたち!
はよう
入《はい》れ!
パーン
うわ!
何《なに》!?
秀吉《ひでよし》さん!
わし天下《てんか》
取《と》っちゃったよ!
えーっ!?

て……天下《てんか》!
そう!
わしが日本《にほん》を統一《とういつ》したのだ!
すご～い!!
でもなんでここに?
?!
秀吉様《ひでよしさま》のお城《しろ》の中《なか》に時《とき》の扉《とびら》を見《み》つけたんだ
ベリリッ
さ……佐助《さすけ》!
床《ゆか》がー!!
なんで わたしもおともをせねばならんのです……?
家康《いえやす》さん!
わし信長様《のぶながさま》の安土城《あづちじょう》よりもすごい城《しろ》を建《た》てたんだ
大坂城《おおさかじょう》さ
どーん
見《み》にくるかい?

大坂城《おおさかじょう》にはすべて金《きん》でできた茶室《ちゃしつ》があってな……
すごいぞ…
金《きん》!!
でも行《い》けるの?
自由自在《じゆうじざい》さ
帰《かえ》ってこられるなら行《い》きましょうか
金《きん》!!
金《きん》!!
じゃあ天下《てんか》の大坂城《おおさかじょう》に
いざ!
「戦国時代《せんごくじだい》へタイムワープ」終《お》わり。

天下統一《てんかとういつ》を成《な》し遂《と》げた豊臣秀吉《とよとみひでよし》

①信長《のぶなが》死《し》す！「本能寺《ほんのうじ》の変《へん》」

1582（天正《てんしょう》10）年《ねん》6月2日《がつふつか》、京《きょう》の本能寺《ほんのうじ》に滞在《たいざい》していた織田信長《おだのぶなが》を、家来《けらい》の明智光秀《あけちみつひで》が襲《おそ》いました。天下統一《てんかとういつ》を目《め》の前《まえ》にして裏切《うらぎ》りにあった信長《のぶなが》は、燃《も》え盛《さか》る炎《ほのお》の中《なか》、自害《じがい》しました（「本能寺《ほんのうじ》の変《へん》」）。

ここまで勢力範囲《せいりょくはんい》を広《ひろ》げていたのに……！

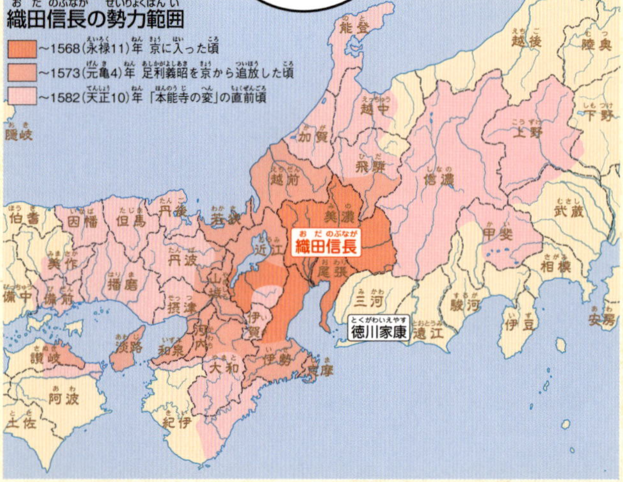
織田信長《おだのぶなが》の勢力範囲《せいりょくはんい》
～1568（永禄《えいろく》11）年《ねん》 京《きょう》に入《はい》った頃《ころ》
～1573（元亀《げんき》4）年《ねん》 足利義昭《あしかがよしあき》を京《きょう》から追放《ついほう》した頃《ころ》
～1582（天正《てんしょう》10）年《ねん》「本能寺《ほんのうじ》の変《へん》」の直前頃《ちょくぜんごろ》
織田信長《おだのぶなが》
徳川家康《とくがわいえやす》
能登《のと》
越後《えちご》
陸奥《むつ》
越中《えっちゅう》
下野《しもつけ》
隠岐《おき》
加賀《かが》
上野《こうずけ》
飛騨《ひだ》
越前《えちぜん》
信濃《しなの》
丹後《たんご》
伯耆《ほうき》
因幡《いなば》
但馬《たじま》
若狭《わかさ》
美濃《みの》
武蔵《むさし》
近江《おうみ》
甲斐《かい》
美作《みまさか》
丹波《たんば》
相模《さがみ》
播磨《はりま》
尾張《おわり》
備中《びっちゅう》
備前《びぜん》
摂津《せっつ》
三河《みかわ》
駿河《するが》
伊賀《いが》
伊豆《いず》
安房《あわ》
遠江《とおとうみ》
淡路《あわじ》
河内《かわち》
和泉《いずみ》
讃岐《さぬき》
伊勢《いせ》
大和《やまと》
志摩《しま》
阿波《あわ》
紀伊《きい》
土佐《とさ》

②秀吉《ひでよし》、信長《のぶなが》の後継者《こうけいしゃ》となる！

本能寺《ほんのうじ》の変《へん》の11日後《にちご》、山城国《やましろのくに》（京都府《きょうとふ》）の山崎《やまざき》で、羽柴秀吉《はしばひでよし》（後《のち》の豊臣秀吉《とよとみひでよし》）と明智光秀《あけちみつひで》の軍勢《ぐんぜい》が戦《たたか》いました（山崎《やまざき》の戦《たたか》い）。秀吉軍《ひでよしぐん》は圧勝《あっしょう》し、光秀《みつひで》は逃《に》げ延《の》びるさなかに、農民《のうみん》によって殺《ころ》されたといいます。

信長《のぶなが》の敵討《かたきう》ちに成功《せいこう》した秀吉《ひでよし》は、信長《のぶなが》の後《あと》を継《つ》いで天下統一《てんかとういつ》を目指《めざ》します。

◀本能寺《ほんのうじ》の変後《へんご》、秀吉《ひでよし》の動《うご》き

1582年《ねん》	山崎《やまざき》の戦《たたか》い（明智光秀《あけちみつひで》を討《う》つ） 清洲会議《きよすかいぎ》（織田家《おだけ》の後継者《こうけいしゃ》となった信長《のぶなが》の孫《まご》・三法師《さんぼうし》の後見人《こうけんにん》となる）
1583年《ねん》	賤ケ岳《しずがたけ》の戦《たたか》い（信長《のぶなが》の三男《さんなん》・信孝《のぶたか》と組《く》んだ柴田勝家《しばたかついえ》に勝利《しょうり》する）
1584年《ねん》	小牧《こまき》・長久手《ながくて》の戦《たたか》い（信長《のぶなが》の次男《じなん》・信雄《のぶかつ》、徳川家康連合軍《とくがわいえやすれんごうぐん》と戦《たたか》い、和睦《わぼく》する）
1585年《ねん》	関白《かんぱく》になる 四国《しこく》を平定《へいてい》する （長宗我部元親《ちょうそかべもとちか》を服従《ふくじゅう》させる）
1587年《ねん》	九州《きゅうしゅう》を平定《へいてい》する （島津義久《しまづよしひさ》を服従《ふくじゅう》させる）
1590年《ねん》	小田原城《おだわらじょう》を攻《せ》める（北条氏《ほうじょうし》を滅亡《めつぼう》させる） 東北《とうほく》を平定《へいてい》する（天下統一《てんかとういつ》）

③ 秀吉《ひでよし》、ついに天下人《てんかびと》に！

羽柴秀吉《はしばひでよし》は、織田信長《おだのぶなが》の息子《むすこ》たちや重臣《じゅうしん》だった柴田《しばた》勝家《かついえ》、信長《のぶなが》の同盟者《どうめいしゃ》だった徳川家康《とくがわいえやす》らを次々《つぎつぎ》と退《しりぞ》けていきます。

1585（天正《てんしょう》13）年《ねん》、秀吉《ひでよし》は＊1関白《かんぱく》に就任《しゅうにん》。翌《よく》年《ねん》には＊2太政大臣《だいじょうだいじん》に位《くらい》を上《のぼ》りつめ、同時《どうじ》に、朝廷《ちょうてい》から豊臣《とよとみ》の姓《せい》を与《あた》えられました。高《たか》い地位《ちい》を得《え》た秀吉《ひでよし》は、全国《ぜんこく》の諸大名《しょだいみょう》に戦《たたか》いをやめるよう命《めい》じます（惣無《そうぶ》事令《じれい》）。また、四国《しこく》、九州《きゅうしゅう》、関東《かんとう》や東北《とうほく》、全国《ぜんこく》すべての大名《だいみょう》を支配《しはい》していき、1590（天正《てんしょう》18）年《ねん》、ついに天下統一《てんかとういつ》を成《な》しとげました。

＊1 関白《かんぱく》＝天皇《てんのう》を補佐《ほさ》する職《しょく》
＊2 太政大臣《だいじょうだいじん》＝朝廷《ちょうてい》での最高位《さいこうい》

馬藺後立付兜《ばりんうしろだてつきかぶと》
秀吉《ひでよし》が使《つか》ったド派手《はで》な兜《かぶと》だ
大阪城天守閣蔵

戦国時代《せんごくじだい》のキーパーソン 16

信長《のぶなが》を裏切《うらぎ》った

明智光秀《あけちみつひで》

★生没年《せいぼつねん》 1528 ～ 1582 年《ねん》

美濃国《みののくに》（岐阜県《ぎふけん》）の守護《しゅご》・土岐氏《ときし》の一族出身《いちぞくしゅっしん》だといわれるが、確《たし》かなことは不明《ふめい》。各地《かくち》をめぐった後《のち》、信長《のぶなが》に仕《つか》え、重臣《じゅうしん》に出世《しゅっせ》した。光秀《みつひで》の娘《むすめ》で、細川氏《ほそかわし》に嫁《とつ》いだ細川玉《ほそかわたま》（後《のち》のガラシャ）は、キリスト教徒《きょうと》になった。

明智光秀画像（伝）／東京大学史料編纂所所蔵模写

戦国時代《せんごくじだい》のキーパーソン 17

足軽《あしがる》から天下人《てんかびと》に

豊臣秀吉《とよとみひでよし》

★生没年《せいぼつねん》 1537 ～ 1598 年《ねん》

尾張国《おわりのくに》（愛知県西部《あいちけんせいぶ》）の身分《みぶん》の低《ひく》い家《いえ》に生《う》まれたが、信長《のぶなが》に仕《つか》えてどんどん出世《しゅっせ》した。足軽時代《あしがるじだい》は木下藤吉郎《きのしたとうきちろう》、重臣時代《じゅうしんじだい》は羽柴秀吉《はしばひでよし》、最後《さいご》は豊臣秀吉《とよとみひでよし》と名乗《なの》った。年《とし》をとってからできたひとり息子《むすこ》の秀頼《ひでより》を溺愛《できあい》した。

東京大学史料編纂所所蔵模写

安土桃山時代《あづちももやまじだい》から江戸時代《えどじだい》へ

① 信長《のぶなが》&《アンド》秀吉《ひでよし》の「安土桃山時代《あづちももやまじだい》」

織田信長《おだのぶなが》と豊臣秀吉《とよとみひでよし》が政権《せいけん》を担《にな》っていた時代《じだい》を、「安土桃山時代《あづちももやまじだい》」といいます。信長《のぶなが》の安土城《あづちじょう》（滋賀県《しがけん》）があった安土《あづち》と、秀吉《ひでよし》の伏見城《ふしみじょう》（京都府《きょうとふ》）付近《ふきん》が後《のち》に桃山《ももやま》と呼《よ》ばれたことから、こういわれます。

また、この頃《ころ》の文化《ぶんか》を「桃山文化《ももやまぶんか》」といいます。信長《のぶなが》や秀吉《ひでよし》の趣味《しゅみ》が反映《はんえい》されたのか、桃山文化《ももやまぶんか》の特徴《とくちょう》は、とてもきらびやかで派手《はで》なものでした。

すご〜い
キラキラ！
そうとう
派手《はで》好きね

金《きん》の茶室《ちゃしつ》（復元《ふくげん》）
秀吉《ひでよし》は金《きん》の茶室《ちゃしつ》をつくって自分《じぶん》の力《ちから》を示《しめ》したという
監修：国立科学博物館／SGC信州ゴールデンキャッスル蔵
写真：朝日新聞社

② 天下人《てんかびと》・秀吉《ひでよし》の政治手腕《せいじしゅわん》！

低《ひく》い身分《みぶん》の出身《しゅっしん》から天下人《てんかびと》にまで成《な》り上《あ》がった秀吉《ひでよし》。彼《かれ》が行《おこな》った主《おも》なことを見《み》ていきましょう。

1 太閤検地《たいこうけんち》*1

検地《けんち》は、土地《とち》の面積《めんせき》や米《こめ》の収穫量《しゅうかくりょう》（*2石高《こくだか》）を調《しら》べる調査《ちょうさ》です。土地《とち》を確実《かくじつ》に支配《しはい》して、しっかり年貢《ねんぐ》を集《あつ》めるために、米《こめ》の量《りょう》をはかるますや、ものさしの基準《きじゅん》を全国《ぜんこく》で統一《とういつ》しました。農民《のうみん》は田畑《たはた》を耕《たがや》す権利《けんり》を認《みと》められましたが、石高《こくだか》に応《おう》じて年貢《ねんぐ》を納《おさ》める義務《ぎむ》も負《お》いました。

*1太閤検地《たいこうけんち》＝太閤《たいこう》は秀吉《ひでよし》の尊称《そんしょう》で、秀吉《ひでよし》が行《おこな》った検地《けんち》を太閤検地《たいこうけんち》と呼《よ》ぶ

*2石高《こくだか》＝土地《とち》の生産力《せいさんりょく》を米《こめ》の単位《たんい》で表《あらわ》したもの

検地《けんち》の様子《ようす》の模型《もけい》
四日市市立博物館蔵

2 刀狩令《かたながりれい》

当時《とうじ》の農民《のうみん》は、兵士《へいし》としても戦《いくさ》に出《で》たことから、刀《かたな》などの武器《ぶき》を持《も》つ者《もの》が多《おお》く、時《とき》には領主《りょうしゅ》に反乱《はんらん》を起《お》こしました。秀吉《ひでよし》は、農民《のうみん》が武器《ぶき》を持《も》つことを禁止《きんし》して、領主《りょうしゅ》への反乱《はんらん》を防止《ぼうし》しました（1588〈天正《てんしょう》16〉年《ねん》、刀狩令《かたながりれい》）。さらに、武士《ぶし》と農民《のうみん》の身分《みぶん》をしっかり分《わ》けて、農民《のうみん》は農業《のうぎょう》に専念《せんねん》させました。

3 朝鮮出兵《ちょうせんしゅっぺい》

秀吉《ひでよし》は国内《こくない》を統一《とういつ》すると、海外《かいがい》にも目《め》を向《む》けます。明《みん》（中国《ちゅうごく》）を征服《せいふく》しようと考《かんが》え、通《とお》り道《みち》となる朝鮮《ちょうせん》に2度《ど》大軍《たいぐん》を送《おく》りました。しかし、朝鮮軍《ちょうせんぐん》や明《みん》の援《えん》軍《ぐん》の抵抗《ていこう》は激《はげ》しく、征服《せいふく》できずに終《お》わりました。秀《ひで》吉《よし》は、この戦《たたか》いのさなかに亡《な》くなりました。

③ 徳川家康《とくがわいえやす》、江戸幕府《えどばくふ》を開《ひら》く！

秀吉政権《ひでよしせいけん》で、実質的《じっしつてき》なナンバー2《ツー》として政治《せいじ》を取《と》り仕切《しき》っていたのは徳川家康《とくがわいえやす》でした。秀吉《ひでよし》が死《し》ぬと家康《いえやす》は、自分《じぶん》が天下《てんか》を取《と》ろうと動《うご》き出《だ》します。

1600（慶長《けいちょう》5）年《ねん》、秀吉《ひでよし》の家来《けらい》だった石田三成《いしだみつなり》率《ひき》いる西軍《せいぐん》と、家康率《いえやすひき》いる東軍《とうぐん》が、美濃国《みののくに》（岐阜県《ぎふけん》）の関ケ原《せきがはら》で激突《げきとつ》しました（「関ケ原《せきがはら》の戦《たたか》い」）。

全国《ぜんこく》の大名《だいみょう》が、東西《とうざい》どちらかの陣営《じんえい》に分《わ》かれて戦《たたか》ったこの大決戦《だいけっせん》に勝利《しょうり》した家康《いえやす》は、1603（慶長《けいちょう》8）年《ねん》に征夷大将軍《せいいたいしょうぐん》となって江戸幕府《えどばくふ》を開《ひら》きました。

戦国時代《せんごくじだい》のキーパーソン 18

江戸幕府《えどばくふ》の祖

徳川家康《とくがわいえやす》

★生没年《せいぼつねん》 1543～1616年《ねん》

三河国《みかわのくに》（愛知県《あいちけん》東部《とうぶ》）の小《ちい》さな大名家《だいみょうけ》に生《う》まれ、幼《おさな》い頃《ころ》は、織田氏《おだし》や今川氏《いまがわし》の人質《ひとじち》となって暮《く》らした。今川氏《いまがわし》から独立《どくりつ》した後《あと》は信長《のぶなが》の同盟者《どうめいしゃ》として、秀吉政権《ひでよしせいけん》では実力者《じつりょくしゃ》として働《はたら》き、秀吉《ひでよし》の死後《しご》、天下人《てんかびと》になった。

東京大学史料編纂所所蔵模写

歴史研究家《れきしけんきゅうか》：河合《かわい》 敦先生《あつしせんせい》

教《おし》えて!! 河合先生《かわいせんせい》

ぼくといっしょに、
タイムワープの冒険《ぼうけん》を振《ふ》り返《かえ》ろう。
マンガの裏話《うらばなし》や、時代《じだい》にまつわる
おもしろ話《ばなし》も紹介《しょうかい》するよ!

戦国時代《せんごくじだい》おまけ話《ばなし》

1 戦国時代《せんごくじだい》 ヒトコマ博物館《はくぶつかん》

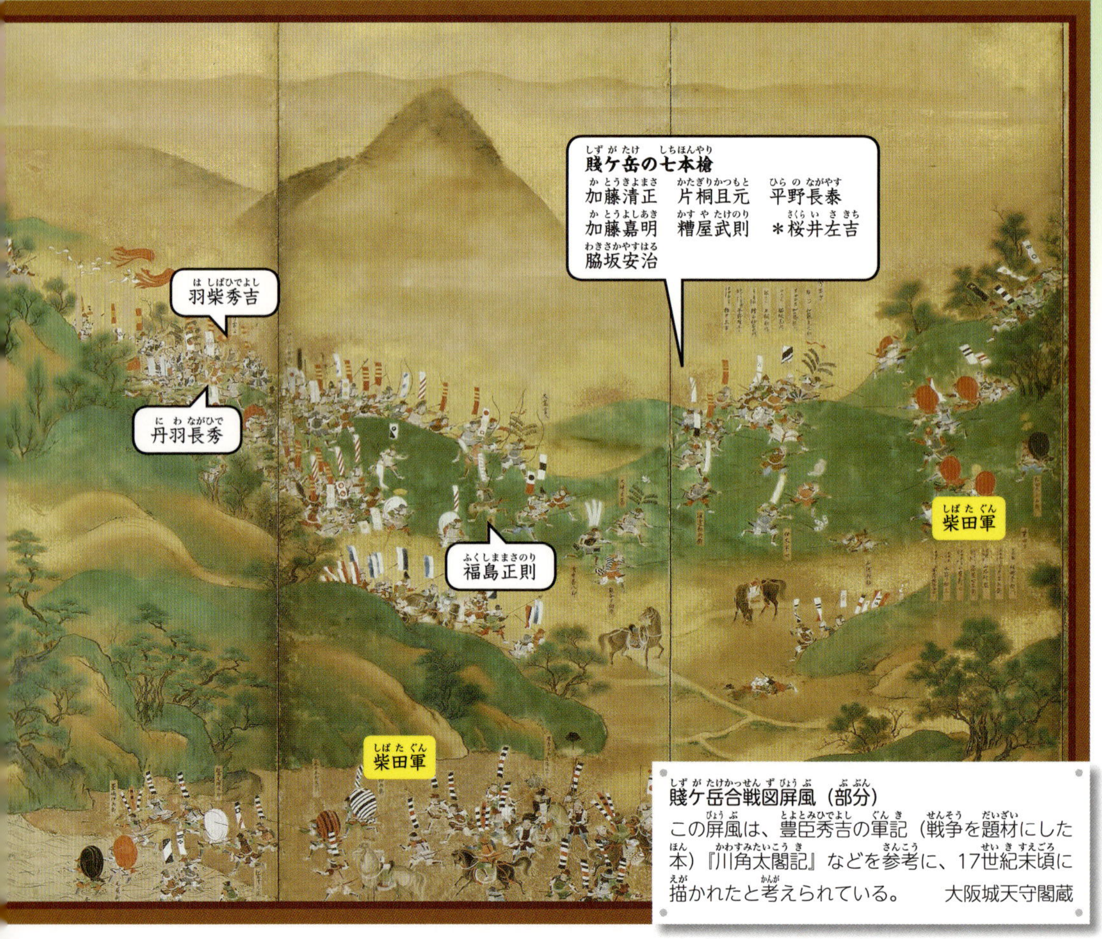

羽柴秀吉《はしばひでよし》
丹羽長秀《にわながひで》
賤ケ岳《しずがたけ》の七本槍《しちほんやり》
加藤清正《かとうきよまさ》　片桐且元《かたぎりかつもと》　平野長泰《ひらのながやす》
加藤嘉明《かとうよしあき》　糟屋武則《かすやたけのり》　＊桜井左吉《さくらいさきち》
脇坂安治《わきさかやすはる》
福島正則《ふくしままさのり》
柴田軍《しばたぐん》
柴田軍《しばたぐん》

賤ケ岳合戦図屏風《しずがたけかっせんずびょうぶ》（部分《ぶぶん》）
この屏風《びょうぶ》は、豊臣秀吉《とよとみひでよし》の軍記《ぐんき》（戦争《せんそう》を題材《だいざい》にした本《ほん》）『川角太閤記《かわすみたいこうき》』などを参考《さんこう》に、17世紀末頃《せいきすえごろ》に描《えが》かれたと考《かんが》えられている。　大阪城天守閣蔵

＊桜井左吉《さくらいさきち》ではなく福島正則《ふくしままさのり》を数《かぞ》える場合《ばあい》もある

織田信長《おだのぶなが》の後継者《こうけいしゃ》を決《き》めた「清洲会議《きよすかいぎ》」

河合先生《かわいせんせい》：羽柴《はしば》（豊臣《とよとみ》）秀吉《ひでよし》は、「本能寺《ほんのうじ》の変《へん》」で織田信長《おだのぶなが》が亡《な》くなった後《あと》、明智光秀《あけちみつひで》を倒《たお》して、信長《のぶなが》の敵討《かたきう》ちをなしとげたよね。

リュウ：あの時《とき》は一気《いっき》に京《きょう》まで駆《か》け戻《もど》って、たいへんだったよ！

河合先生《かわいせんせい》：ははは、そうだったね！ でも、その敵討《かたきう》ちの成功《せいこう》で、秀吉《ひでよし》に天下《てんか》への道《みち》が開《ひら》けたんだ。

ジュン：どういうことですか？

河合先生《かわいせんせい》：信長《のぶなが》の亡《な》き後《あと》、後継者《こうけいしゃ》を誰《だれ》にするか、織田家《おだけ》の中《なか》で意見《いけん》が分《わ》かれた。そこで主《おも》なけらいが集《あつ》まって「清洲会議《きよすかいぎ》」が開《ひら》かれたんだ。けらいの中《なか》でもっとも実力《じつりょく》のあった柴田勝家《しばたかついえ》は、信長《のぶなが》の三男《さんなん》・信孝《のぶたか》を後継者《こうけいしゃ》に推《お》した。一方《いっぽう》、秀吉《ひでよし》は信長《のぶなが》の孫《まご》でまだ3歳《さい》の三法師《さんぼうし》を推《お》した。

カノン：それでどうなったの!?

河合先生《かわいせんせい》：結局《けっきょく》、信長《のぶなが》の後継者《こうけいしゃ》に決《き》まったのは、秀吉《ひでよし》が推《お》した三法師《さんぼうし》だった。信長《のぶなが》の敵討《かたきう》ちを成功《せいこう》させ、発言力《はつげんりょく》を増《ま》していたから秀吉《ひでよし》が勝利《しょうり》できたんだ。

柴田勝家《しばたかついえ》に勝《か》った「賤ケ岳《しずがたけ》の戦《たたか》い」

河合先生《かわいせんせい》：この結果《けっか》、勝家《かついえ》と秀吉《ひでよし》は対立《たいりつ》するようになり、1583（天正《てんしょう》11）年《ねん》4月《がつ》、近江国《おうみのくに》（滋賀県《しがけん》）賤ケ岳《しずがたけ》付近《ふきん》で2人《ふたり》の軍勢《ぐんぜい》が激突《げきとつ》した。それが右《みぎ》の絵《え》に描《えが》かれている「賤ケ岳《しずがたけ》の戦《たたか》い」だよ。

ジュン：秀吉《ひでよし》さんは天下人《てんかびと》になったんですから、この戦《たたか》いにも勝《か》ったんですよね？

河合先生《かわいせんせい》：もちろん大勝利《だいしょうり》だったよ。この勝利《しょうり》で秀吉《ひでよし》は天下《てんか》を狙《ねら》える地位《ちい》に立《た》てたんだ。ちなみにこの時《とき》、秀吉《ひでよし》の直接《ちょくせつ》のけらいの若《わか》い武将《ぶしょう》が大活躍《だいかつやく》したとされる。人呼《ひとよ》んで「賤ケ岳《しずがたけ》の七本槍《しちほんやり》」！

リュウ：七本槍《しちほんやり》！ カッケー!!

河合先生《かわいせんせい》：もっともこれは、実際《じっさい》の活躍《かつやく》よりも大《おお》げさに宣伝《せんでん》されて広《ひろ》まったもの。けれど秀吉《ひでよし》の思惑《おもわく》どおり、七本槍《しちほんやり》のメンバーは後《のち》に有力《ゆうりょく》な武将《ぶしょう》になって、秀吉《ひでよし》を支《ささ》えていったんだ。

カノン：秀吉《ひでよし》さんって、宣伝上手《せんでんじょうず》だったのね～。

2

戦国時代《せんごくじだい》ビックリ報告《ほうこく》

戦国武将《せんごくぶしょう》は戦《たたか》ってばかりじゃない 今《いま》に残《のこ》る「戦国武将《せんごくぶしょう》の手紙《てがみ》」

室町《むろまち》時代《じだい》に手紙《てがみ》が広《ひろ》まった

手紙《てがみ》が、人《ひと》と人《ひと》とのコミュニケーションの手段《しゅだん》として社会的《しゃかいてき》に広《ひろ》まったのは、室町《むろまち》時代《じだい》です。戦国武将《せんごくぶしょう》たちも多《おお》くの手紙《てがみ》を書《か》いています。戦《たたか》いや政治《せいじ》のことだけでなく、家族《かぞく》やけらいなどを気遣《きづか》う手紙《てがみ》もたくさん残《のこ》っています。

意外《いがい》？　こまやかな気遣《きづか》い 織田信長《おだのぶなが》の手紙《てがみ》

織田信長《おだのぶなが》といえば、怖《こわ》いイメージがあるかもしれませんが、手紙《てがみ》を見《み》ると、周《まわ》りの人《ひと》に対《たい》してこまやかな気遣《きづか》いができる人《ひと》だったことがわかります。

この手紙《てがみ》は、安土城《あづちじょう》の新築祝《しんちくいわ》いに訪《おとず》れた羽柴《はしば》（豊臣《とよとみ》）秀吉《ひでよし》の妻《つま》・おねに、信長《のぶなが》が出《だ》したお礼状《れいじょう》です。

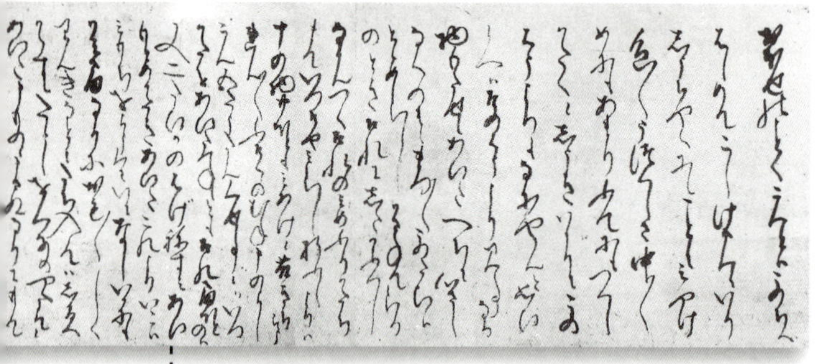

織田信長朱印消息《おだのぶながしゅいんしょうそく》　東京大学史料編纂所蔵（土橋嘉兵衛氏旧蔵）

（秀吉《ひでよし》が、おねへの不満《ふまん》を口《くち》にしていると聞《き》いた信長《のぶなが》が）「藤吉郎《とうきちろう》（秀吉《ひでよし》）はけしからん。藤吉郎《とうきちろう》のような“はげねずみ”は、どこを探《さが》しても、あなたほどのすてきな妻《つま》は持《も》てないのだから、落《お》ち着《つ》いて構《かま》えていなさい」と、おねを気遣《きづか》ってアドバイスしている。

年老《としお》いた母《はは》をいたわる豊臣秀吉《とよとみひでよし》の手紙《てがみ》

豊臣秀吉《とよとみひでよし》はとても家族思《かぞくおも》いでした。妻《つま》のおねや母《はは》の大政所《おおまんどころ》、息子《むすこ》の秀頼《ひでより》などに送《おく》った手紙《てがみ》が、100通以上残《つういじょうのこ》っています。特徴《とくちょう》はひらがなを多《おお》く使《つか》っているところです。

この手紙《てがみ》は、天下統一《てんかとういつ》を間近《まぢか》にした秀吉《ひでよし》が、自分《じぶん》に従《したが》わない北条氏《ほうじょうし》を攻《せ》めた時《とき》（小田原城攻《おだわらじょうぜ》め）、京《きょう》で留守番《るすばん》をしていた78歳《さい》の母《はは》・大政所《おおまんどころ》に送《おく》ったものです。

「わたしは健康《けんこう》で、食事《しょくじ》も取《と》っているから、心配《しんぱい》しないでください」「気晴《きば》らしをして、若返《わかがえ》ってください」など、秀吉《ひでよし》が年老《としお》いた母《はは》を優《やさ》しくいたわっている。

秀吉《ひでよし》さんの家族《かぞく》への思《おも》いが伝《つた》わってくるな

豊臣秀吉消息《とよとみひでよししょうそく》（重要文化財《じゅうようぶんかざい》）

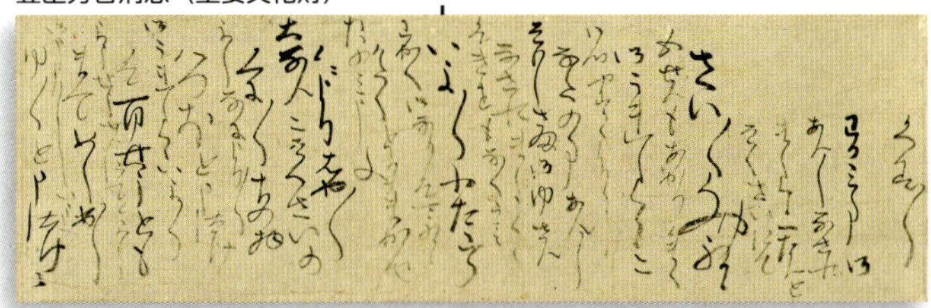

妙法院蔵

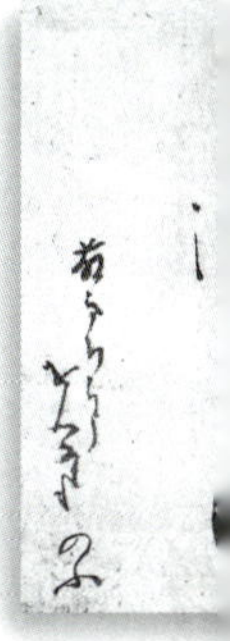

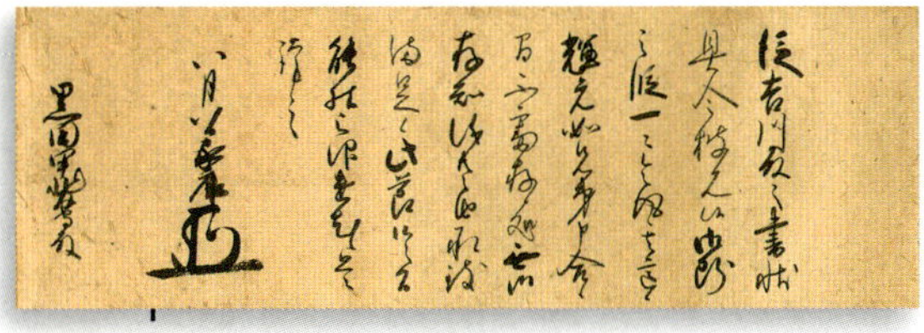

徳川家康書状《とくがわいえやすしょじょう》

吉川史料館蔵（岩国市）

関ケ原《せきがはら》の戦《たたか》いの前《まえ》の徳川家康《とくがわいえやす》の手紙《てがみ》

徳川家康《とくがわいえやす》は秀吉《ひでよし》の死後《しご》、「関ケ原《せきがはら》の戦《たたか》い」に勝《か》ったことで天下人《てんかびと》になります。関ケ原《せきがはら》の戦《たたか》いの前《まえ》、家康《いえやす》は各地《かくち》の大名《だいみょう》などに自分《じぶん》の味方《みかた》になるよう、手紙《てがみ》を出《だ》しています。

この手紙《てがみ》は、関ケ原《せきがはら》の戦《たたか》いで敵対《てきたい》する西軍《せいぐん》の総大将《そうだいしょう》・毛利輝元《もうりてるもと》のけらい・吉川広家《きっかわひろいえ》に送《おく》ったものです。

「もともと輝元公《てるもとこう》とは兄弟《きょうだい》のちぎりを結《むす》んでいたから、おかしいと思《おも》っていたが、（輝元《てるもと》が西軍《せいぐん》の大坂城《おおさかじょう》に入《はい》ったことが）本意《ほんい》でないと聞《き》いて安心《あんしん》した」と家康《いえやす》は書《か》いている。

家康《いえやす》と手紙《てがみ》のやり取《と》りをした広家《ひろいえ》は、西軍《せいぐん》側《がわ》で出陣《しゅつじん》したものの、戦《いくさ》には参加《さんか》しなかった。

電話《でんわ》もメールもない時代《じだい》だから手紙《てがみ》はとても重要《じゅうよう》な通信手段《つうしんしゅだん》だったんだね

3

戦国時代《せんごくじだい》

ニンゲンファイル

黒田官兵衛《くろだかんべえ》

豊臣秀吉《とよとみひでよし》の天下取《てんかと》りを支《ささ》えた名軍師《めいぐんし》

豊臣秀吉《とよとみひでよし》に天下《てんか》を意識《いしき》させた黒田官兵衛《くろだかんべえ》

「軍師《ぐんし》」とは、頭脳《ずのう》や知識《ちしき》を生《い》かして主君《しゅくん》にアドバイスをするなど、参謀役《さんぼうやく》として仕《つか》える武将《ぶしょう》のことです。

豊臣秀吉《とよとみひでよし》の天下取《てんかと》りを支《ささ》えた名軍師《めいぐんし》が、黒田官兵衛《くろだかんべえ》です。官兵衛《かんべえ》は、織田信長《おだのぶなが》が本能寺《ほんのうじ》の変《へん》で倒《たお》れたことを知《し》ると、秀吉《ひでよし》に、「まっさきに信長様《のぶながさま》の敵《かたき》を取《と》れば、信長様《のぶながさま》に代《か》わって天下《てんか》を取《と》るチャンスです」と、そっと耳打《みみう》ちしたといいます。信長《のぶなが》の死《し》に動揺《どうよう》していた秀吉《ひでよし》は、この官兵衛《かんべえ》の進言《しんげん》により、天下取《てんかと》りに動《うご》いたといわれています。

官兵衛《かんべえ》の才能《さいのう》に恐《おそ》れを抱《いだ》いた秀吉《ひでよし》

秀吉《ひでよし》が天下人《てんかびと》になった後《のち》のある時《とき》、秀吉《ひでよし》が、「わたしの次《つぎ》に天下《てんか》を取《と》れる人物《じんぶつ》は誰《だれ》だと思《おも》うか？」と、けらいたちに聞《き》きました。けらいたちはさまざまな名前《なまえ》を出《だ》しましたが、秀吉《ひでよし》は「それは官兵衛《かんべえ》だ」と言《い》ったそうです。秀吉《ひでよし》は官兵衛《かんべえ》の才能《さいのう》を認《みと》める

黒田官兵衛《くろだかんべえ》（1546～1604年《ねん》）
播磨国《はりまのくに》（兵庫県《ひょうごけん》）生《う》まれ。本名《ほんみょう》は孝高《よしたか》。秀吉《ひでよし》に仕《つか》えて出世《しゅっせ》し、豊前国《ぶぜんのくに》6郡《ぐん》（福《ふく》岡《おか》・大分県《おおいたけん》）が与《あた》えられた。キリスト教《きょう》に入信《にゅうしん》した「キリシタン大名《だいみょう》」でもある。

もうひとりの天才軍師《てんさいぐんし》

竹中半兵衛《たけなかはんべえ》

わたしの実像《じつぞう》は謎《なぞ》だ

竹中半兵衛《たけなかはんべえ》（1544～1579年《ねん》）

美濃国《みののくに》（岐阜県《ぎふけん》）生《う》まれ。本名《ほんみょう》は重治《しげはる》。色白《いろじろ》で女性《じょせい》のような優《やさ》しい風貌《ふうぼう》、まじめで無欲《むよく》な人柄《ひとがら》だったと伝《つた》わる。病《やまい》のため36歳《さい》でこの世《よ》を去《さ》った。

秀吉《ひでよし》の「二兵衛《にへえ》」

秀吉《ひでよし》には竹中半兵衛《たけなかはんべえ》という、もうひとりの天才軍師《てんさいぐんし》がいました。黒田官兵衛《くろだかんべえ》と竹中半兵衛《たけなかはんべえ》は、秀吉《ひでよし》の「二兵衛《にへえ》」と呼《よ》ばれ、活躍《かつやく》しました。半兵衛《はんべえ》は「たった16人《にん》で城《しろ》を奪《うば》った」などの天才軍師《てんさいぐんし》ぶりが伝《つた》わっていますが、その天才《てんさい》ぶりは、後《のち》の時代《じだい》につくられた物語《ものがたり》によって広《ひろ》まったもの。実際《じっさい》に半兵衛《はんべえ》がどんな活躍《かつやく》をしたのかは、よくわかっていません。

「二兵衛《にへえ》」の固《かた》い友情《ゆうじょう》

ある時《とき》、官兵衛《かんべえ》が信長《のぶなが》から謀反《むほん》を疑《うたが》われる事件《じけん》がありました。怒《おこ》った信長《のぶなが》は、秀吉《ひでよし》に「官兵衛《かんべえ》の子《こ》を殺《ころ》せ」と命《めい》じました。その時《とき》、半兵衛《はんべえ》がひそかに官兵衛《かんべえ》の子《こ》をかくまって助《たす》けました。官兵衛《かんべえ》はとても感謝《かんしゃ》して、黒田家《くろだけ》の家紋《かもん》に竹中家《たけなかけ》の家紋《かもん》を使《つか》うことにしたといいます。

と同時《どうじ》に恐《おそ》れていたともいわれます。

官兵衛《かんべえ》は秀吉《ひでよし》の恐《おそ》れを察《さっ》してか、息子《むすこ》の長政《ながまさ》に跡《あと》を継《つ》がせて、自分《じぶん》は身《み》を引《ひ》くことにしました。しかし、じつはひそかに天下《てんか》を狙《ねら》っていたといいます。

福岡城跡《ふくおかじょうあと》。福岡城《ふくおかじょう》は官兵衛《かんべえ》と息子《むすこ》の長政《ながまさ》が7年《ねん》がかりで築城《ちくじょう》。晩年《ばんねん》の官兵衛《かんべえ》は城内《じょうない》の御鷹屋敷《おたかやしき》で暮《く》らした　写真：朝日新聞社

ふたりも名軍師《めいぐんし》がいたのか!

4

戦国時代《せんごくじだい》

ウンチクこぼれ話《ばなし》

戦国武将《せんごくぶしょう》の面白話《おもしろばなし》を聞《き》かせてやろう

【織田信長《おだのぶなが》は甘《あま》いものが好《す》き】

星形《ほしがた》の砂糖菓子《さとうがし》「金平糖《こんぺいとう》」は、ヨーロッパのキリスト教宣教師《きょうせんきょうし》が日本《にほん》にもってきたお菓子《かし》。織田信長《おだのぶなが》は金平糖《こんぺいとう》などの甘《あま》いお菓子《かし》をたいそう好《この》み、けらいたちにもふるまいました。当時《とうじ》の金平糖《こんぺいとう》は、星形《ほしがた》ではなく丸《まる》い形《かたち》だったそうです。

金平糖《こんぺいとう》はポルトガル語《ご》の「コンフェイト」が語源《ごげん》

写真：朝日新聞社

【安土城見物《あづちじょうけんぶつ》でお金《かね》を取《と》った信長《のぶなが》】

信長《のぶなが》がつくった安土城《あづちじょう》。信長《のぶなが》は安土城《あづちじょう》の天主《てんしゅ》や堀《ほり》などに明《あ》かりをともして、今《いま》でいうライトアップのような演出《えんしゅつ》をしました。また、安土城《あづちじょう》の見物《けんぶつ》は、信長自《のぶながみずか》ら、けらいや庶民《しょみん》などから見学料《けんがくりょう》を取《と》って許可《きょか》したといいます。

信長《のぶなが》の死後《しご》、安土城《あづちじょう》は焼《や》けてしまったため、実際《じっさい》どんな建物《たてもの》だったのかはよくわかっておらず、「幻《まぼろし》の城《しろ》」と呼《よ》ばれています。

【トイレで仕事《しごと》をした武田信玄《たけだしんげん》】

武田信玄《たけだしんげん》は領地《りょうち》の経営《けいえい》に関《かん》する書類《しょるい》などを、厠《かわや》（トイレ）の中《なか》で見《み》ていたといいます。厠《かわや》は誰《だれ》にもじゃまされず、ひとりでじっくりと考《かんが》えることができたからかもしれませんね。

厠《かわや》がいちばん落《お》ち着《つ》くなー

【豊臣秀吉《とよとみひでよし》はとことん黄金好《おうごんず》き】

黄金《おうごん》の茶室《ちゃしつ》をつくるほど、派手好《はでず》きで黄金好《おうごんず》きだった豊臣秀吉《とよとみひでよし》。

それ以外《いがい》にも、甲冑《かっちゅう》に陣羽織《じんばおり》、軍配《ぐんばい》に馬印《うまじるし》(戦場《せんじょう》で自分《じぶん》の居場所《いばしょ》を示《しめ》す目印《めじるし》)など、さまざまなものに黄金《おうごん》を用《もち》いました。愛用《あいよう》の南蛮式《なんばんしき》ベッドには、黄金《おうごん》の彫《ほ》りものが施《ほどこ》され、寝室《しんしつ》の床《ゆか》には金粉《きんぷん》がまかれていたといいます。

天下人《てんかびと》には
黄金《おうごん》が似合《にあ》う
もんな!

【秀吉《ひでよし》の枕《まくら》は「バク」の形《かたち》】

秀吉《ひでよし》が使《つか》っていた枕《まくら》は、動物《どうぶつ》の「バク」の形《かたち》をしていたと伝《つた》えられています。バクは悪《わる》い夢《ゆめ》を食《た》べるといわれていて、もしかすると秀吉《ひでよし》は悪《わる》い夢《ゆめ》をよく見《み》たのかもしれません。秀吉《ひでよし》が使《つか》ったとされるバクの枕《まくら》は、京都府《きょうとふ》の豊国神社《とよくにじんじゃ》に残《のこ》されています。

秀吉愛用《ひでよしあいよう》とされるバクの枕《まくら》　豊国神社蔵

【明智光秀《あけちみつひで》が信長《のぶなが》を裏切《うらぎ》った理由《りゆう》は?】

明智光秀《あけちみつひで》が信長《のぶなが》を裏切《うらぎ》った「本能寺《ほんのうじ》の変《へん》」。光秀《みつひで》がなぜ裏切《うらぎ》ったのか、はっきりした理由《りゆう》はわかっていません。そのため昔《むかし》から、いろいろな説《せつ》が言《い》われてきました。「信長《のぶなが》へのうらみ」説《せつ》や、「信長《のぶなが》に代《か》わって天下《てんか》を取《と》ろうとした」説《せつ》、「誰《だれ》かにそそのかされた」説《せつ》などさまざまありますが、本当《ほんとう》のことは光秀《みつひで》にしかわかりません。

【健康《けんこう》オタクだった徳川家康《とくがわいえやす》】

戦国武将《せんごくぶしょう》としては長寿《ちょうじゅ》の70代《だい》まで生《い》きた徳川家康《とくがわいえやす》。長寿《ちょうじゅ》のひけつは健康《けんこう》に気《き》を使《つか》うこと。食事《しょくじ》はぜいたくをせずに麦飯《むぎめし》と豆味噌《まめみそ》といったシンプルなものを好《この》み、鷹狩《たかが》りで適度《てきど》な運動《うんどう》をしてストレス発散《はっさん》。また、薬学《やくがく》を熱心《ねっしん》に学《まな》び、自分《じぶん》で薬《くすり》を調合《ちょうごう》して飲《の》んだといいます。

戦国時代《せんごくじだい》の話《はなし》は
これでおしまい!
別《べつ》の時代《じだい》で、
また会《あ》おうね!

室町《むろまち》時代《じだい》後半《こうはん》〜江戸《えど》時代《じだい》初《はじ》め 年表《ねんぴょう》

室町時代《むろまちじだい》	
1467年《ねん》	応仁《おうにん》の乱《らん》が始《はじ》まる（戦国時代《せんごくじだい》の始《はじ》まり）
1477年《ねん》	応仁《おうにん》の乱《らん》が終《お》わる
1489年《ねん》	8代将軍《だいしょうぐん》・足利義政《あしかがよしまさ》が銀閣《ぎんかく》をつくる
1534年《ねん》	織田信長《おだのぶなが》が生《う》まれる
1537年《ねん》	豊臣秀吉《とよとみひでよし》が生《う》まれる
1543年《ねん》	徳川家康《とくがわいえやす》が生《う》まれる
	種子島《たねがしま》（鹿児島県《かごしまけん》）に鉄砲《てっぽう》（火縄銃《ひなわじゅう》）が伝《つた》わる
1549年《ねん》	フランシスコ・ザビエルが日本《にほん》にキリスト教《きょう》を伝《つた》える
1560年《ねん》	桶狭間《おけはざま》の戦《たたか》い（信長《のぶなが》が今川義元《いまがわよしもと》を破《やぶ》る）
1561年《ねん》	第《だい》4次川中島《じかわなかじま》の戦《たたか》い（武田信玄《たけだしんげん》と上杉謙信《うえすぎけんしん》が戦《たたか》い引《ひ》き分《わ》ける）
1568年《ねん》	信長《のぶなが》が京《きょう》に上《のぼ》る

1573年《ねん》	信長《のぶなが》が15代将軍《だいしょうぐん》・足利義昭《あしかがよしあき》を追放《ついほう》する（室町幕府《むろまちばくふ》の滅亡《めつぼう》）
1575年《ねん》	長篠《ながしの》の戦《たたか》い（織田《おだ》・徳川連合軍《とくがわれんごうぐん》が武田軍《たけだぐん》を破《やぶ》る）
1579年《ねん》	信長《のぶなが》が安土城《あづちじょう》をつくる

安土桃山時代《あづちももやまじだい》	1582年《ねん》	本能寺《ほんのうじ》の変《へん》（信長《のぶなが》が亡《な》くなる）
		大友宗麟《おおともそうりん》ら、九州《きゅうしゅう》のキリシタン大名《だいみょう》が天正遣欧使節《てんしょうけんおうしせつ》をローマ教皇《きょうこう》の元《もと》に派遣《はけん》する
	1583年《ねん》	賤ケ岳《しずがたけ》の戦《たたか》い（秀吉《ひでよし》と柴田勝家《しばたかついえ》の戦《たたか》い）
	1585年《ねん》	秀吉《ひでよし》が大坂城《おおさかじょう》をつくる
	1588年《ねん》	秀吉《ひでよし》が刀狩令《かたながりれい》を出《だ》す
	1590年《ねん》	秀吉《ひでよし》が天下統一《てんかとういつ》を果《は》たす
	1592年《ねん》	秀吉《ひでよし》が朝鮮半島《ちょうせんはんとう》に出兵《しゅっぺい》する
	1597年《ねん》	秀吉《ひでよし》が再《ふたた》び朝鮮半島《ちょうせんはんとう》に出兵《しゅっぺい》する
	1598年《ねん》	秀吉《ひでよし》が亡《な》くなる
	1600年《ねん》	関ケ原《せきがはら》の戦《たたか》い（家康《いえやす》の東軍《とうぐん》が石田三成《いしだみつなり》の西軍《せいぐん》を破《やぶ》る）
江戸時代《えどじだい》	1603年《ねん》	家康《いえやす》が征夷大将軍《せいいたいしょうぐん》になり、江戸《えど》に幕府《ばくふ》を開《ひら》く
	1605年《ねん》	家康《いえやす》が将軍《しょうぐん》の座《ざ》を息子《むすこ》の秀忠《ひでただ》にゆずる
	1614年《ねん》	大坂冬《おおさかふゆ》の陣《じん》
	1615年《ねん》	大坂夏《おおさかなつ》の陣《じん》（豊臣家《とよとみけ》が滅亡《めつぼう》する）
	1616年《ねん》	家康《いえやす》が亡《な》くなる

監修　河合敦

編集デスク　大宮耕一、橋田真琴

編集スタッフ　泉ひろえ、河西久実、庄野勢津子、十枝慶二、中原崇

シナリオ　中原崇

コラムイラスト　相馬哲也、中藤美里、横山みゆき、大富寺航、イセケヌ

コラム図版　平凡社地図出版

参考文献　『早わかり日本史』河合敦著 日本実業出版社／『詳説 日本史研究 改訂版』佐藤信・五味文彦・高埜利彦・鳥海靖編 山川出版社／『21 世紀こども百科 歴史館』小学館／『ニューワイドずかん百科　ビジュアル日本の歴史』学研／『歴史群像シリーズ⑤武田信玄 風林火山の大戦略』学研／『復元 安土城』内藤昌著 講談社学術文庫／『戦国攻城戦のすべて イラストと地図で迫る城の攻防の真実』洋泉社／『なるほど忍者大図鑑』ヒサ・クニヒコ絵・文 国土社／『秘密の忍者＆忍術事典』ながたみかこ著 黒井宏光監修 なかさこかずひこ！絵 大泉書店／「週刊マンガ日本史 改訂版」33 ～ 38 号、40 号　朝日新聞出版／「週刊マンガ世界の偉人」9 号　朝日新聞出版／「週刊なぞとき」4 号　朝日新聞出版

※本シリーズのマンガは、史実をもとに脚色を加えて構成しています。

戦国時代《せんごくじだい》へタイムワープ

2018年 3 月30日　第 1 刷発行
2022年10月30日　第10刷発行

著　者　マンガ：トリル／ストーリー：チーム・ガリレオ
発行者　片桐圭子
発行所　朝日新聞出版
〒104-8011
東京都中央区築地5-3-2
編集　生活・文化編集部
電話　03-5540-7015（編集）
03-5540-7793（販売）

印刷所　株式会社リーブルテック

ISBN978-4-02-331668-3
本書は 2016 年刊『戦国時代のサバイバル』を増補改訂し、改題したものです